«TE QUIERO», DIJE, Y DESVELÉ EL SECRETO DE *MI* VIDA

ExLibric

PATRICIA BLANCO ELÍAS

«TE QUIERO», DIJE, Y DESVELÉ EL SECRETO DE *MI* VIDA

EXLIBRIC
ANTEQUERA 2024

«TE QUIERO», DIJE, Y DESVELÉ EL SECRETO DE *MI* VIDA
© Patricia Blanco Elías
Diseño de portada: Dpto. de Diseño Gráfico Exlibric

Iª edición

© ExLibric, 2024.

Editado por: ExLibric
c/ Cueva de Viera, 2, Local 3
Centro Negocios CADI
29200 Antequera (Málaga)
Teléfono: 952 70 60 04
Fax: 952 84 55 03
Correo electrónico: exlibric@exlibric.com
Internet: www.exlibric.com

ISBN: 979-13-87528-04-1
Depósito Legal: MA 2585-2024

Impresión: PODiPrint
Impreso en Andalucía – España

Nota de la editorial: ExLibric pertenece a Innovación y Cualificación S. L.

PATRICIA BLANCO ELÍAS

«TE QUIERO», DIJE, Y DESVELÉ EL SECRETO DE *MI* VIDA

«El secreto de la felicidad está en la libertad
y el de la libertad, en el coraje».

TUCÍDIDES

A mi hermana, Marta,
y mis padres, Olivia y Raúl.

PRÓLOGO

El presente libro constituye la conclusión o confluencia de las tesis filosóficas que he venido defendiendo hasta el momento o, como prefiero llamarlas, filosófico-vitales, pues no son únicamente ideas, sino el fundamento de un particular modo de vivir o afrontar la vida. Esta obra tiene por objeto el elemento de conexión de todas ellas; esto es, aquello que hace que respondan a una misma cuestión, pero desde distintas perspectivas, lo cual no podría ser, en sentido estricto, de otro modo, pues la realidad es una y, por ello, absoluta en cada aquí y ahora.

El tema es conocido: el Amor; mas no se analiza como tema poético, sino filosófico —de aquí que se hable del Amor, en mayúsculas—, y se defiende, concretamente, que es el radical existencial y antropológico; es decir, lo más propiamente humano y el núcleo de la vida y la existencia, así como el fundamento, en última instancia, de la única y verdadera ética autónoma.

Ahora bien, la aproximación al asunto se plantea en este libro de manera no convencional, pues se presenta una aproximación a la tesis a través de frases de tono poético, cada una de las cuales contiene una idea autónoma, al tiempo que, consideradas en su conjunto, permiten apreciar la totalidad del argumento. La exposición formal o académica se contiene, en todo caso, en la segunda parte del libro, para la mayor claridad y profundidad del lector interesado. Así, la selección de este formato no es aleatoria o infundada, sino que responde a la realidad de las cosas, dado que (a) el tema parece demandarlo, pues ya decía Lope de Vega que «el amor fue el inventor de los poemas»; (b) el hombre es naturalmente lírico, pues lo es cuando conecta verdaderamente consigo o su intimidad y, consecuentemente, con la vida, y (c) el conocimiento de la verdad radica, en última instancia, en un acto estético, lo que lo hace inefable en sentido absoluto o estricto. Este vacío de palabras únicamente puede, si acaso, subsanarlo la poesía, que es la más perfecta de las artes, ya que es estética en el uso de la palabra.

La siguiente cita del libro *En las cimas de la desesperación,* del filósofo Emil Cioran, puede ayudarnos a comprender el enfoque que busca tener esta obra o, dicho de otro modo, la perspectiva desde la que quisiera que el lector se enfrentase a estas páginas:

> Hallarse repleto de uno mismo, no en el sentido del orgullo, sino de la riqueza interior, estar obsesionado por una infinitud íntima y una tensión extrema: en eso consiste vivir intensamente, hasta sentirse morir de vivir [...] Nos volvemos líricos cuando la vida en nuestro interior palpita con un ritmo esencial. Lo que de único y específico poseemos se realiza de una manera tan expresiva que lo individual se eleva a nivel de lo universal. Las experiencias subjetivas más profundas son, [asimismo], las más universales, por la simple razón de que alcanzan el fondo original de la vida [...] Algunas personas son líricas únicamente en los momentos decisivos de su existencia; otras solo en el instante de la agonía, cuando todo el pasado se actualiza y se precipita sobre ellos como un torrente. Pero en la mayoría de los casos la explosión lírica surge tras experiencias esenciales, cuando la agitación del fondo íntimo del ser alcanza su paroxismo[2].

---

[2] CIORAN, E. (1934). *En las cimas de desesperación* (1ª ed. en nueva presentación, pp. 13-15). Tusquets Editores.

En definitiva, este libro busca exponer la que es la idea de mi vida o, en otras palabras, el especial modo en que la comprendo y conforme al cual vivo, ya que de otra manera no concibo la existencia. Asimismo, pretende hacerla accesible al lector, incluso al no especializado en la materia —como también me veo yo—, para que pueda hacer suyo el regalo que la duda a mí me ha dado y, si quiere, viva conforme a estos principios, que son, a mi juicio, poderosos y enriquecedores.

Finalmente, quisiera dedicar estas páginas a todas las personas que quiero, pero también a las que quise, porque del dolor que dejaron algo aprendí y, prospectivamente, a las que querré. Especialmente, quisiera dedicar esta obra a mi hermana, Marta, mi persona favorita y a quien más quiero, y a mis padres, Olivia y Raúl, a quienes debo todo cuanto soy. Además, quisiera que pudieran verse en este libro mis amigos, gracias a quienes mucho he aprendido y soy muy feliz, y quienes han hecho también importantes aportaciones, lo sepan o no. En última instancia, quisiera expresar mi más sincero agradecimiento a María, gran artista y mejor amiga, quien ha hecho el increíble trabajo de ilustrar esta edición y sin quien esta obra no habría visto la luz.

Si disfrutan de esta lectura y les emociona, me habré realizado en esta y las vidas venideras, si las hay.

Patricia Blanco Elías
En Logroño, a fecha de 15 de agosto de 2024

Índice

PRIMERA PARTE

UNA APROXIMACIÓN POÉTICA A LA TESIS

**«Yo soy el Alfa y la Omega, el principio
y el fin, el primero y el último»**[2].

---

[2]   Ap., 22, 13.

A

¿Y lo humano que es decirle a una persona que la quieres?

Sufrir por haber amado es un regalo: el regalo de haber sido humano.

Quedarse con el corazón en las manos es siempre mejor que tener las manos vacías, pues lo primero es el hombre y lo segundo, un demente.

Me entristece hasta enfermar pensar que hay quienes no se permiten amar.

B

Amar bien; o sea, amar porque sí, exige conocerse, ya que solo conociéndose puede el hombre empezar a amar.

El origen del Amor está en uno mismo; es decir, en la aprehensión de la propia intimidad, donde reside la dignidad, atributo humano de concesión divina.

Allá donde se encuentra a Dios, circunstancia de la relación o inclinación que se da donde el hombre desvela su unicidad, se encuentra el Amor como realidad metafísica —sin perjuicio de que haya quienes también encuentran amor, en otro sentido—.

Me quiero, porque soy lo primero y último que tengo. Te quiero, porque sé que me tengo.

Γ

Uno debe abrazarse a sí mismo y no querer quedarse en sí mismo, sino aspirar a sobrepasarse. No quererse destruye y reducirse a uno mismo hace preso de sí. Por eso, existe una fina línea entre aceptarse y superarse, y ahí es donde reside la verdadera libertad.

El mayor aprendizaje es la conquista del respeto a la libertad del sentimiento, libertad niña. El sentimiento no debe bloquearse ni combatirse, sino aceptarse, abrazarse y, en su caso, superarse.

Conozco tanto quienes no saben que son como quienes no se dejan ser. Los primeros me producen, por ignorantes, pena; pero los segundos despiertan en mí la rabia de la injusticia vital, dolor incesante y asfixiante, porque se saben libres, pero se enrocan en continuar presos.

Es pequeño el margen entre dejarse sentir y ahogarse en el sufrimiento; mas lo hay, porque se tiene derecho al sentimiento, que es propiamente humano, pero no al hundimiento, que mata la carga de realizarse.

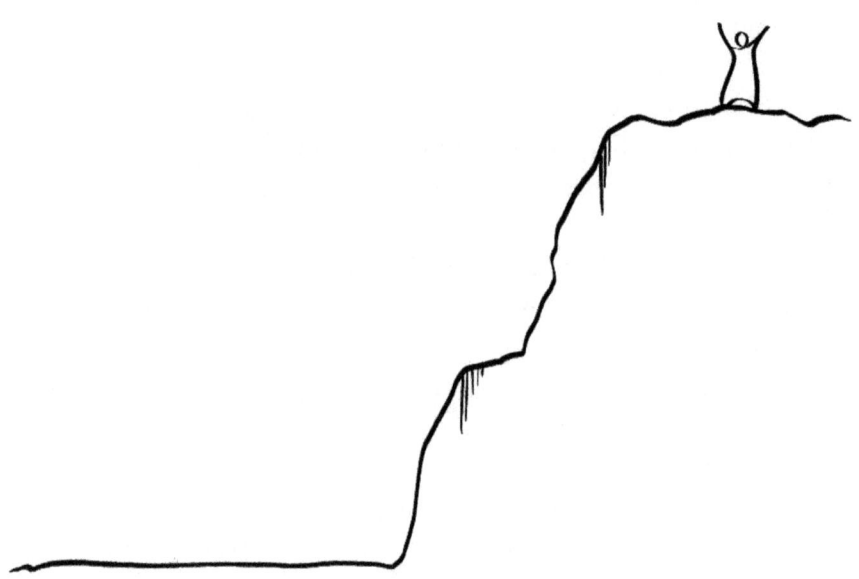

Δ

La plenitud de cada instante pasa por haber captado la plenitud de la existencia. Entonces, cada momento es pura ataraxia.

Sentirse libre, como el aire, y fluir, como el agua, es haberse encontrado a uno mismo en la vida —en el sentido puramente literal de la frase—.

Amar es sentirse lleno de vida. Amar es sentir plenamente el vivir. Amar es aprehender la vida misma.

Hay personas con las que la eternidad de cada instante es demasiado breve. Con ellas es con quienes debe compartirse el regalo de la vida.

E

«Te voy a echar de menos», le dije. Y así lo hice, porque era ya parte de mi vida y era precisamente por eso que la quería.

Amar es despedir con la mano al amado que monta en el tren de la vida; esto es, hacerlo conocedor del hueco que deja, como Bien que es, para nuestra voluntad y en la existencia.

Lo amado es lo que falta donde no cabe un alfiler.

Lo amado forma necesariamente parte de la vida de cada cual, porque, cuando el hombre descubre verdaderamente la propia intimidad, ama la vida y toda representación de ella. Lo que no estaba hecho para ser amado por la voluntad acaba saliendo de la propia vida, pues era contra natura forzarlo a ser lo que no era y retenerlo donde no pertenecía.

Z

Afortunado aquel que logró pertenecer a la eternidad de otro.

El amor de otro tiempo es el recuerdo.

Ser amado por otro es ser infinito, dado que es ser circunstancia de su vida y esta es, para él y realmente, infinita. Solo en la abstracción, es la vida de cada cual una realidad comprendida entre dos momentos de no-existencia.

Siendo amada, me he sentido infinito; pero amando, he sentido contener lo infinito y esto segundo es mucho más poderoso.

H

Te quiero, porque no puedo no hacerlo; mas ahora, que lo sé, sé también que soy libre por ello.

Quien es libre para amar es absolutamente libre. *In extremis,* solo fue libre quien lo fue para amar.

El Amor reside en el conocimiento de la intimidad y la libertad de conciencia se realiza en ella. Es por esto que el Amor es necesariamente libre, en tanto que se realiza también en él —como poco, de modo participado— la libertad que existe en la intimidad.

Ojalá todos pudieran amar libremente. Esta es la batalla de nuestro tiempo. Hoy por hoy, hay algunas luchas que dicen ser ella; pero, no se equivoquen, aquellas no entienden lo que es amar sin cadenas.

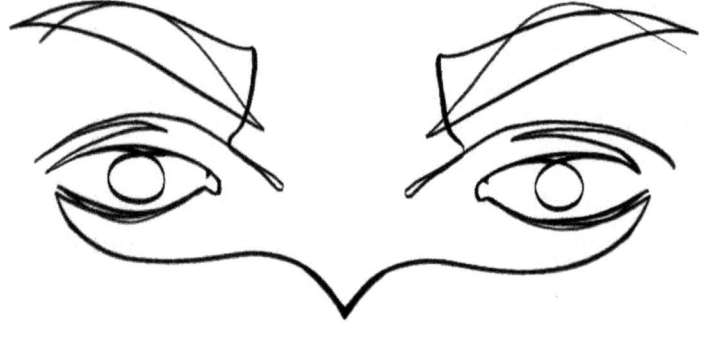

Ө

El hombre es, ante todo, *homo affectus.*

Amar es lo propiamente humano. El hombre nace para amar y vive amando, pues no hay acto verdaderamente humano que no sea un acto de amor, ya que hacer es orientar la voluntad a algo y lo algo es siempre lo amado, al tiempo que el hombre es él cuando es libre y el Amor es lo más libre de la existencia.

Si no amamos, ¿para qué ser?

Lo propio del hombre es amar, que no ser amado; mas debería ser justicia natural que el amante fuera amado.

I

Esto, al final del día, es lo único importante: dejar un poquito de nosotros en el corazón de quienes quisieron conocernos con el corazón.

Somos un poquito de cada persona a la que hemos querido…
… lo cual es curioso, porque la mayoría de las personas son para nosotros aquello con que, de ellas, nos quedamos, mientras todo lo demás muere con el tiempo.

«Yo soy yo y mi circunstancia». La puridad de esta frase, vista desde el prisma de nuestra filosofía, se transforma en absoluta inmensidad: la adicción del *yo*, núcleo de la epistemología y titular de la totalidad de la realidad —su vida—, y de la *circunstancia*, reflejo de lo amado, objeto del radical antropológico y existencial —el Amor—. Resulta, así, que yo soy, no solo yo, sino también lo que me da lo amado, lo cual me eleva exponencialmente en la existencia.

El rico sin Amor es pobre de espíritu y el poderoso sin Amor es impotente para con su alma.

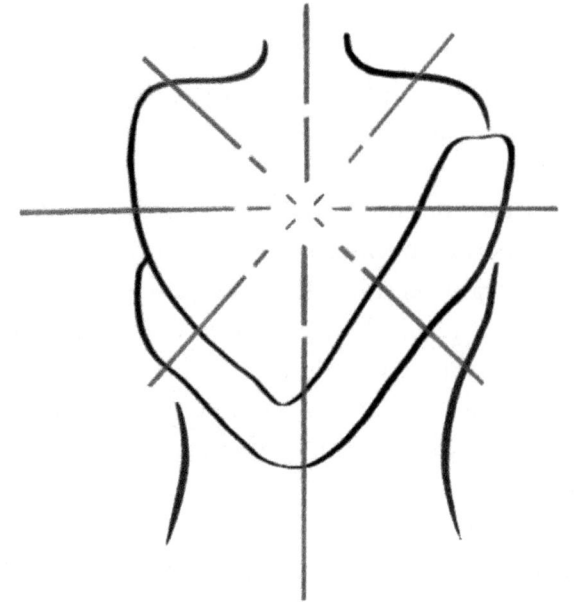

K

El amor más elevado es el que se tiene por un hermano. A diferencia del amor de pareja, es más próximo al desinteresado de la amistad y, aunque lo es en menor grado que esta, guarda siempre mayor vínculo, por serlo de sangre, que aquella.

El hermano es la persona naturalmente más pareja y próxima a uno, pues es con quien se comparte la niñez, cuna del desarrollo y razón de la singularidad humana. Además, la hermandad es el vínculo que existe naturalmente entre todos los hombres, si bien este es un secreto que solo conoce quien ha desvelado la existencia. De aquí que, como a un hermano, a nadie ni a nada se pueda querer del mismo modo en la vida.

Me entristecí cuando supe que era hijo único y, por eso, lo amé infinitamente; es decir, como la naturaleza me había desvelado y hasta donde alcanzaba mi vida.

A nadie se ama igual; pero el que tiene la suerte de poder amar a un hermano debe sentirse el hombre más feliz del mundo. Ahora bien, esto no quiere decir que el que no tiene hermano no pueda llegar a amar o que el que no ama a su hermano no sepa amar, ya que la existencia es más compleja que la abstracción. Lo que ahora decimos es, únicamente, que el que ama a un hermano tiene, en el *velo de la ignorancia,* infinitas suerte y ventaja.

Λ

La libertad puede hacer al hombre tan libre como preso. La libertad es esclavitud cuando se erra en su entender; o sea, cuando se pretende extraerla de los límites naturales de la existencia, que, como naturales, no constituyen límites, sino senderos o caminos al Bien.

No soy libre por omnímoda autonomía. Al contrario, soy libre si me ciño a los inconmensurables límites de mi naturaleza.

La libertad está en mí contenida. Para encontrarla, he de encontrarme a mí.

El hombre de hoy no sabe que es libre, porque se cree Dios.

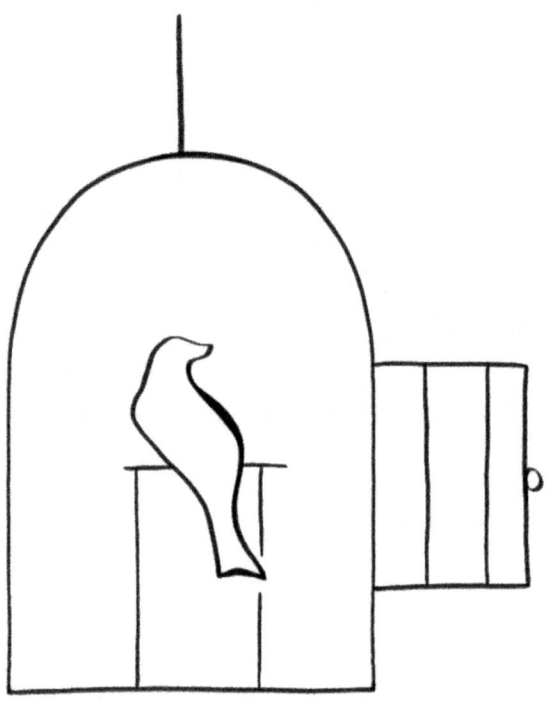

M

Amar es fácil, pero el yo social ansía complicar el sentimiento.

La vida es sencilla, porque si las cosas son lo que son, que sean conforme a su ser es natural. La realidad se vuelve compleja cuando las personas —jamás lograré entender por qué— hacemos de las cosas lo que no son, ya que, entonces, retorcemos su existencia para que suceda lo que no cabe en la infinitud de su posibilidad.

Existen en las relaciones sociales oscuras sinergias que hacen de lo sencillo de lo natural complejo artificio humanoide. Así, lo propio del hombre *in abstracto,* combinado con sus semejantes, no construye armonía, sino caos. Desplaza lo debido y trae consigo lo exigido, haciendo del libre, esclavo; del amante, desapegado fanático y del hombre, liberto.

La enfermedad de la modernidad —*nuestra* modernidad; esto es, para cada cual, la de su tiempo o modernidad *histórica*— es la muerte del hombre, en tanto que pasa por negar lo propiamente humano. De aquí que digan que ya no se quiere como antes.

N

El Amor es la justicia del exceso. No se rige por lo merecido, sino por lo supererogatorio, pues el amante virtuoso no piensa en términos de contraprestación y el auténtico amado siente paz y no deuda. En definitiva, si la justicia humana es la que tiene por objeto lo suyo, que es lo justo, el Amor es, sin duda, expresión de justicia divina.

Saberse libre es amar. Quien se sabe libre no necesita ninguna ética, porque se ve en los otros, a quienes ama. De aquí que la aprehensión de la intimidad implique amar o radique en ello y, consecuentemente, constituya el obrar más perfecto y virtuoso, núcleo de la única ética estrictamente natural al ser humano —ética, al mismo tiempo, de corte divino—.

Ni el Bien común prima sobre el Bien individual ni el Bien individual es más importante que el Bien común, sino que, bien entendidos ambos, la realización del Bien individual conlleva la aprehensión del Bien común y viceversa, si bien el núcleo de la realidad es lo uno y no la pluralidad.

Si el Amor es radical existencial y antropológico, y la suya, justicia divina, resulta que la existencia y el hombre son, como poco, representaciones de la deidad.

Ξ

El niño es el único que quiere en plenitud, pues solo él lo hace con el corazón y libremente. En el niño vive libre el sentimiento que la edad encadena y condena.

No había muerto, pero ya no la sentía. Con la mayoría de edad dejó de saberse y, fruto de su cobardía, jamás conectó de nuevo consigo. No sabiendo quién era, no podía conectar con ella, porque no podía amar y, como tal, a mi alma se le hacía inaprehensible.

«Te quiero», me dijo, pero pensé que lo banalizaba, porque éramos ya mayores y se da en el curso de la vida la extraña contradicción de que la persona, con el paso del tiempo, en vez de conocerse, se aleja de sí y, si llega a reencontrarse consigo, lo hace cuando, conscientemente, se enfrenta al problema metafísico del morir.

Ver a los niños jugar despierta en uno, sin saber cómo, especial alegría. Yo creo que es porque, tengamos o no conciencia de ello, nuestro corazón cuenta con la verdad de que es aquello a lo que se debe orientar.

O

El amor es el reflejo del agua de la niñez. El amante, si quiere despreocupado, quiere como lo quisieron y, si se mata queriendo, quiere por sí y por aquellos de quienes no recibió cuanto anhelaba.

La puridad de la niñez no se recupera, pero la ataraxia en el reino de la intimidad es un regreso a aquellos tiempos perdidos. El rey de la vida es el niño.

«Dejad que los niños vengan a mí […] De ellos es el Reino de los Cielos»[3]. Lo mismo, pero desde nuestra perspectiva. Nada más que añadir.

«Les hablaría a mis hijos de la amistad y nos pondría de ejemplo»[4].

---

[3] Mt., 19, 14.
[4] De Elisa Esparza Rodríguez, a fecha de 22 de julio de 2024.

II

La vida es esencial y existencialmente circular: el hombre nace niño y muere niño, y en la niñez está su verdadera esencia, lo único que hay cuando se desprende de los imperativos sociales impuestos, pues al principio del todo los desconoce y al final ya nada importan. Crecer es construirse para, llegado el momento de marchar, deconstruirse.

La vida da muchas vueltas, pero, sobre todo, acaba poniéndonos donde queremos estar, que es también donde debemos estar, en tanto que tarde o temprano nuestra voluntad se orienta hacia ello, lo cual debe deberse a que aquello estaba hecho para nosotros desde el principio.

La circularidad de la vida es expresión de la teleología de nuestra existencia. Cosa distinta es que, en vez de tender directamente a nuestro fin, seamos la única especie que, torpes nosotros, vamos y venimos constantemente. De aquí que digan que «el hombre es el único animal que tropieza dos veces con la misma piedra».

Lo que es debe ser aquí y ahora, y lo que debe ser será; mas nada que no deba ser es ni será, ni no será lo que deba ser. Y en este ir y venir histórico, absoluto en cada presente, resulta que el *telos* del hombre estaba, como intrínseco a su naturaleza, ahí desde el principio. De aquí que estemos llamados al Amor, reino de la ataraxia. En definitiva, al juego de la niñez.

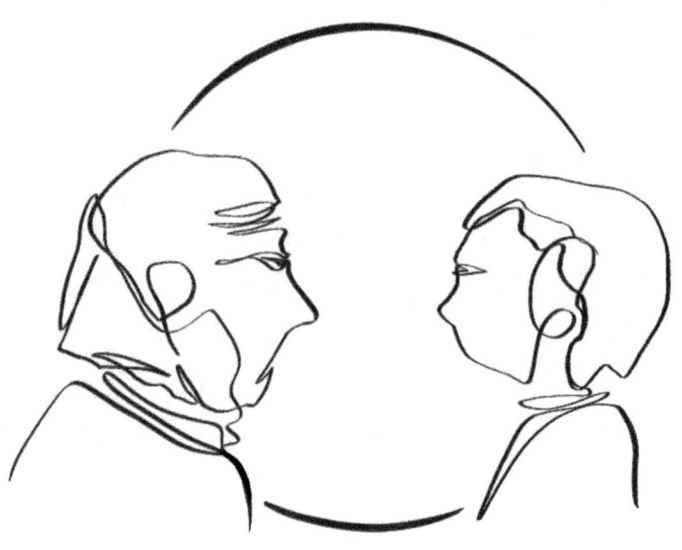

P

El Amor es la paz en medio del caos, la plenitud en la contingencia, la ataraxia en la ruina.

Ser soñador es una gran virtud. El soñador, que anhela y quiere lo que está en lo escondido, saca un jugo especial a la vida, yo creo.

El que ama, porque reina en sí y en la existencia, es soñador por naturaleza. La inmensidad del Amor es parecida a la paz del sueño y, como este, va más allá de lo observable.

Me das paz.

Σ

Nada es todo sin mí.

Existimos en conciencias.

Yo, hombre, no soy un ser creador, pero circunstancia alguna de la existencia tendría sentido al margen de la *totalidad de la realidad,* de la cual yo soy titular —*mi* vida—.

Mientras te piense, no dudes nunca de tu grandeza.

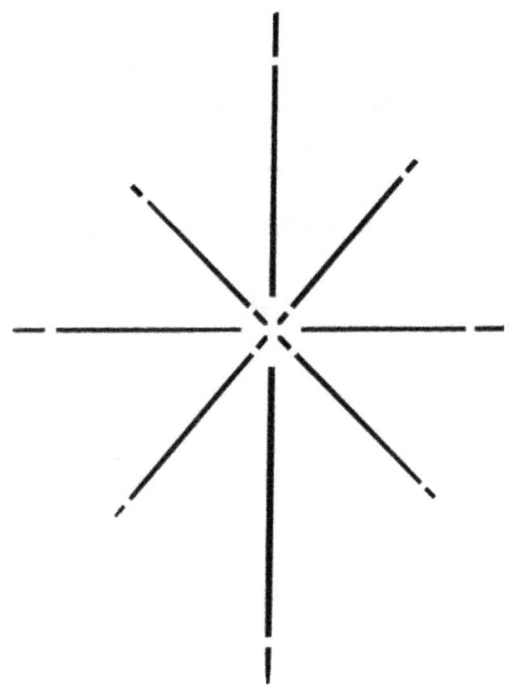

T

Esa extraña sensación de sentir ajenidad donde antes lo había todo. Debe sentirse así, ya no morir, sino no haber nacido nunca.

Debe sentirse morir el no realizar, habiéndolo, lo propio; esto es, ser, a conciencia, contra natura, y debe sentirse no haber nacido nunca el, de origen, no tenerlo, no pudiendo tampoco negarlo, lo cual es todavía más dramático, porque no es ser contra natura, sino no ser. El amante puede ser contra natura en el curso de toda una vida, pero no puede no ser. En todo caso, seguramente le cueste la vida y desee, no morir, sino no haber nacido nunca.

Sentirse vivir y sentirse morir comparten una misma perplejidad, dado que sentirse vivir es sentir la totalidad y sentirse morir es aproximarse a sentir, en vida, lo gnoseológicamente inconcebible. El que siente no haber nacido nunca, por su parte, cree sentir morir, mas no es ese el tipo de sufrimiento que padece.

Distinto de todo ello son el vivir, morir y no haber nacido nunca. Lo primero es la *totalidad de la realidad;* lo segundo, una realidad de gnoseología *relativamente* inconcebible y lo tercero, nada; es decir, no es una realidad o, dicho de otro modo, no es y, además, sea lo que sea, es de gnoseología *absolutamente* inconcebible.

Y

Nada llena más al corazón como que le dediquen una canción. El autor y el oyente funden sus almas en la música, donde siempre hay algo de nosotros; o sea, un episodio de nuestra vida.

En cada episodio de la vida se queda algo de nosotros o, si se prefiere, un nosotros y, en este sentido, puede entenderse que el yo es tan histórico como la vida misma, de modo que esta, que soy yo y lo amado, reclama quedarse con un ejemplar de ambos en cada instante, so pena de alienarse.

En las producciones artísticas, el hombre deja siempre un poco de sí —si no, no es arte, sino seudoarte—. Amar por sí requiere haber aprehendido la intimidad y, en este sentido, conlleva entregarse con toda la persona. De aquí que el artista, que tiene un especial sentir y acostumbra a ponerse por entero en lo que ama, pueda llegar a amar de modo especial.

La vida es un arte y, como en las artes, es lo suyo intentar dejar un poco de nosotros en cada instante, que es, si se logra capturar, naturalmente estético.

Φ

El amante muere a cada *te quiero* preso que calla y revive a cada acto de entrega. Lo que murió de sí ya no recupera; pero el Amor tiene la extraña capacidad de construir exponencialmente, superando los límites de lo que ya no es, que se integra, como bellas reminiscencias, en lo nuevo.

Los que no se desvivieron amando no reinaron en sí mismos ni entendieron la existencia.

¡Qué reinen los que se desviven!, porque ellos no mueren, sino que reviven a cada instante y, de este modo, viven plenamente. ¡Qué sea suya la vida!, porque los demás, dementes, no aman. ¡Qué pierda el mundo el miedo a ser y ame!, pues, de lo contrario, homicida, habrá matado al yo de aquel instante.

«Damos lo que somos»[5].

---

[5] De Elisa Esparza Rodríguez, a fecha de 22 de julio de 2024.

X

Más vale un único *te quiero* en toda una vida que un millón de declaraciones vacías.

Nada quiero en esta vida aparte de vivirla —y digo *vivirla,* que no *pasar por ella;* esto es, saber que descubrí sus secretos cuando alcancé mi intimidad y que amé por encima de lo posible—.

El que ama es feliz. El que es feliz no necesita que lo amen. El que no necesita que lo amen y ama es feliz. Este último, además, será amado, porque es verdaderamente humano y se realiza en su Bien, y lo bueno tiene la facultad de atraer a lo bueno.

Si estoy llamada a quererte, me dejaré la piel una y mil veces, mas no para que tú me devuelvas lo mismo, pues ese es tu deber y no el mío, sino porque será lo que deba hacer y padecer la existencia es, si se piensa en su causa, conforme a los términos de nuestra filosofía, la mayor de las suertes.

Ψ

Te quiero, porque me veo en ti.

Te quiero, porque te veo en mí.

Te quiero, porque nos veo, como viaje de ida y vuelta, en el mar de una vida divina —este adjetivo, en todas sus acepciones—, que es, en definitiva, lo que veo cuando amo.

Te quiero, sin mayores disquisiciones.

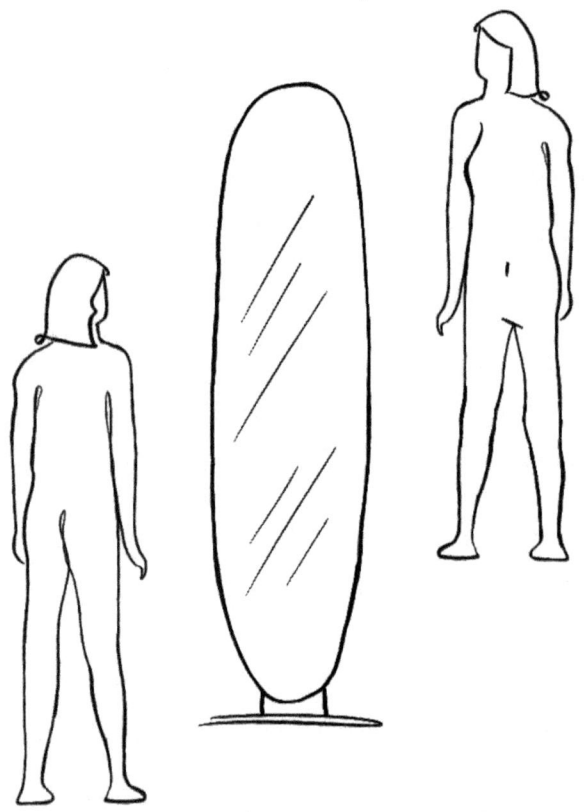

Ω

Me fascina la inmensidad de la persona. La persona, que es única e irrepetible, es un mundo; es decir, aunque con matices, absolutamente todo. De aquí que la apertura al conocimiento de los demás, por elevar a uno por encima de todo en la vida, sea de los más valiosos regalos de la existencia.

Escuchar con atención a alguien pasa por entender que, desde su prisma, ninguna otra opinión tendría sentido, sin perjuicio de que la verdad requiera abrirse a las múltiples perspectivas. La escucha atenta del otro llena, hasta rebosar, el corazón, pues lleva a sentir una especial conexión con él y su historia.

No hay nada más rico que conocer a las personas, quienes, aunque son una circunstancia en la propia vida, son el núcleo fundamental, como titulares, de la suya, la cual es, si se piensa desde la distancia, tanto o más que la de uno.

Ojalá poder vivir de pensar y escribir. Ojalá poder terminar esta vida y haber producido un rico *corpus* académico. Y ojalá poder hacerlo, no por mí, sino por todas las personas.

SEGUNDA PARTE

UNA DEFENSA ACADÉMICA DE LA TESIS

**«El amor es la causa de la unidad
de todas las cosas»**[6].

---

[6] Aristóteles.

1. LA RAZÓN COMO FE VIDENTE
Y LA INEFABILIDAD DEL SER

1.1. PLANTEAMIENTO

Consideramos oportuno comenzar la exposición académica de las ideas que serán objeto de defensa en las páginas siguientes, exponiendo el modo como entendemos que acontece todo acto de conocimiento, pues el ejercicio en que, a continuación, se verá inmerso el lector no es otro que el de conocer y aprehender las ideas que se tratarán *ut infra*.

De este modo, la clave de este primer capítulo es señalar el importante valor cognoscitivo de la fe, ya no como modo de conocimiento —que lo es, sin duda[7]—, sino como sustento último de la actividad racional. Así, son dos las notas del acto de conocimiento que vamos a abordar seguidamente. En primer lugar, la idea de la fe como soporte de la actividad racional y, en segundo lugar, la tesis del acto de conocimiento como iluminación o acto estético. Estas notas nos permitirán, posteriormente, abordar la idea de la inefabilidad del ser.

---

[7] La fe es, como muchos otros, un modo de conocimiento; esto es, una manera que tiene el hombre de conocer. Para que esto se entienda, piénsese en cómo conoce el creyente a Dios o cómo conoce el niño a los Reyes Magos: efectivamente, fruto de actos de fe. Esto es un hecho que, en este capítulo, no se discute, siendo el objeto de la discusión el valor cognoscitivo de la fe, que se entiende y defiende que es el elemento último presente en todo acto de conocimiento, independientemente de cuál sea el modo de conocimiento que lo gobierne.

I.2. El perspectivismo de Ortega y Gasset, y la razón como fe vidente

Trataremos ahora la primera de las notas del acto de conocimiento. Todo acto de conocimiento, además de ser un acto estético o iluminación, como después tendremos ocasión de desarrollar, hunde sus raíces en la fe, que se presenta en estas páginas, no como modo de conocimiento, sino como soporte último de toda actividad cognoscitiva.

Para comprender esta idea, hemos de considerar, como punto de partida, que las cosas no salen al encuentro objetivo del hombre, sino que «vemos las cosas [...] como somos»[8] o, dicho de otro modo, que el hombre conoce con toda su persona. El hecho de que el hombre conozca con toda su persona conlleva, en primer lugar, que lo hace siempre en relación con la cosa objeto de conocimiento y, en segundo lugar, que, en la mayoría de las ocasiones, lo hace de modo limitado. El perspectivismo de Ortega y Gasset, que es nuestro punto de partida, apunta en esta dirección:

> Desde distintos puntos de vista, dos hombres miran el mismo paisaje. Sin embargo, no ven lo mismo. La distinta situación hace que el paisaje se organice ante ambos de distinta manera. Lo que para uno ocupa el primer término y acusa con vigor todos sus detalles, para el otro se halla en el último, y queda oscuro y borroso. Además, como las cosas puestas unas detrás se ocultan en todo o en parte, cada uno de ellos

---

[8] Cita de autor controvertido, atribuida, sobre todo, a Jiddu Krishnamurti.

percibirá porciones del paisaje que al otro no llegan. ¿Tendría sentido que cada cual declarase falso el paisaje ajeno? Evidentemente, no; tan real es el uno como el otro. Pero tampoco tendría sentido que puestos de acuerdo, en vista de no coincidir sus paisajes, los juzgasen ilusorios. Esto supondría que hay un tercer paisaje auténtico, el cual no se halla sometido a las mismas condiciones que los otros dos. Ahora bien, ese paisaje arquetipo no existe ni puede existir. La realidad cósmica es tal, que solo puede ser vista bajo una determinada perspectiva. La perspectiva es uno de los componentes de la realidad. Lejos de ser su deformación, es su organización. Una realidad que vista desde cualquier punto resultase siempre idéntica es un concepto absurdo. Lo que acontece con la visión corpórea se cumple igualmente en todo lo demás. Todo conocimiento es desde un punto de vista determinado[9].

Así las cosas, al hacer suya la cosa objeto de conocimiento, sucede en la mayoría de las ocasiones que el hombre no es capaz de captar todas las perspectivas de su ser, de modo que tiene que confiar, creer o tener fe en que el resto de perspectivas que no alcanza son tales como para que el objeto sea como él cree conocerlo. Dicho de otro modo, la fe es el sustento de la actividad racional, en un primer momento, porque el que conoce debe tener fe en que el objeto que conoce es tal y como lo conoce, lo cual es necesario siempre que el ser de la una cosa se descubre desde una perspectiva, pues el resto están ocultas. Ahora bien,

---

[9]   ORTEGA Y GASSET, J. (1923). *El tema de nuestro tiempo* (pp. 148-149). Editorial Calpe.

73

esto no quiere decir, como después se matizará, que las cosas son incognoscibles en su plenitud. En este sentido, es curioso anotar que, en la tradición judeocristiana, la verdad está cargada de ciertas notas de confianza; es decir, la verdad no es el griego «desvelar "lo que está oculto"», sino, en parte, aquello en que se confía. Encontramos esto muy bien explicado en las siguientes líneas:

> [La verdad] [...] en el Antiguo Testamento se une a verbos de acción *(poiein,* hacer, construir). [...].
>
> En el Antiguo Testamento la verdad no es lo que se descubre del ser, sino lo que es firme, seguro, sólido, sostiene y lleva activamente. Referida a una afirmación, su ser verdadera (como adjetivo verbal, *amen)* remite a su confirmación solemne como segura y confiable en el presente y en el futuro. También expresa el descansar del hombre, lleno de confianza en una cosa, en un relato o en un derecho.
>
> En este contexto veterotestamentario, *emunah* expresa lo firme, lo que se mantiene, pero no en el caso de un objeto, sino la situación permanente del hombre o de Dios respecto a otras personas. En este sentido, *emunah,* verdad, significa fidelidad, confianza, lealtad, conducta recta o sinceridad. Por su parte, cuando se habla de la Verdad —*emunah*— de Yahvé, se designa con ello su lealtad a la Alianza que se manifiesta en su actividad en la historia humana; por esto es que se encuentran tan cercanas la verdad con la bondad —*hesed*— y la justicia —*tsedaka*—, fidelidad que se apoya en la palabra. La verdad, *emunah,* es por tanto la decisión y firmeza con la que Yahvé mantiene su palabra y hace que se cumpla lo anunciado por él en la historia. La verdad de Yahvé no se

manifiesta por abstracción, a un nivel de abstracción (griegos) de la historia, se manifiesta siempre en la contingencia de los acontecimientos, en la historia humana es que se reconoce a un Dios fiel, se reconoce su Verdad. Eichrodt W. y Von Rad G. [3] expresan con gran claridad las notas diferenciales del concepto de justicia en el pensamiento del Antiguo Testamento y su diferencia con nuestro uso habitual del mismo, lo cual correlaciona de manera importante con nuestro tema actual de la verdad. […].

«Verdad no afirma de un ser-en-y-para-sí, sino un estar-firme o seguro en cosas, objetos, personas o Yahvé mismo. La verdad no es abstracta, acontece más bien de modo contingente… algo que se realiza, que acontece… El Antiguo Testamento no conoce la cuestión epistemológica de los griegos: ¿qué es la verdad? En lugar de esto, implícitamente se pregunta por lo seguro que da estabilidad a la existencia».

Citando a Koch, Link [8] compara el pensar griego con el Antiguo Testamento: «Por lo que respecta a la cuestión de la verdad, aquí (en el pensamiento griego) domina la *physis,* la naturaleza siempre igual a sí misma; allí (en el Antiguo Testamento), en cambio el fluir contingente de la historia; aquí el conocimiento absoluto, allí la acción basada en la confianza»[10].

Conforme a lo que hemos desarrollado *ut supra,* parece que el acto de conocer, que se cree paradigmáticamente racional, tiene de suyo algo no racional —que no irracional—. Esto no

---

[10]   Captarsi (octubre, 2004). *Verdad, tradición judeocristiana y psicoanálisis.* Recuperado el 1 de octubre de 2004 de:
https://www.cartapsi.org/new/verdad-tradicion-judeocristiana-y-psicoanalisis/

racional es la fe, creencia o confianza que se tiene en aquello que se conoce, la cual está presente en todo acto de conocimiento y en todas las fases del proceso de conocer y, especialmente, en el momento culmen del acto de conocimiento. Este momento último se corresponde con la verdadera aprehensión del ser de la cosa; esto es, el momento en que la cosa sale al encuentro del hombre, el cual, como después explicaremos, se caracteriza por ser una iluminación o acto estético. Así, en la iluminación o acto estético propios de todo acto de conocimiento —no en todo momento, sino en la fase última o culmen— también encontramos la fe como sustento de la actividad racional, en tanto que, como veremos, el conocimiento de ser de las cosas no pasa por la captación de su concepto, sino por la conexión del sujeto cognoscente con el ser de la cosa objeto de conocimiento.

Considerando lo dicho, resulta que, sin perjuicio de que el hombre conozca desde su persona o, dicho de otro modo, desde una perspectiva, podemos decir que la verdad o ser de las cosas es aprehensible. Quedarnos en que, como el hombre conoce desde una perspectiva, el ser de las cosas no es aprehensible en su totalidad pasa por decir que el hombre se relaciona con un mundo que le es y será siempre ajeno, lo que sería un tormento y, además, no parece corresponderse con la realidad de las cosas, tal y como la historia las ha ido plasmando. Así pues, hay quienes únicamente llegan a captar el ser de las cosas desde una determinada perspectiva, para quienes la fe es el sustento de su actividad racional en el sentido de que completa lo no conocido, y hay quienes llegan a aprehender el ser de la cosa verdaderamente. Estas segundas personas son las que experimentan la iluminación o acto estético; esto es, quienes, de algún modo, completan íntegramente el acto de conocimiento y para quienes la fe es el sustento de su actividad racional en tanto en cuanto la aprehensión del ser de la cosa verdadera o íntegramente pasa por conectar con él y entablar una especial relación, lo que se caracteriza por ser un acto o experiencia de fe, dado que lo aprehendido, como diremos, es inefable. He aquí que, en todo caso, conozca el hombre desde su persona: si conoce desde una perspectiva, conoce desde la perspectiva que tiene su persona, y si aprehende el ser de la cosa de modo clarividente, ello se debe a que experimenta una especial conexión con aquel, lo que se traduce en la existencia, también aquí, de una relación entre el sujeto cognoscente y la cosa que se conoce; esto es, en que el sujeto conoce, también ahora, con su persona, que no deja de relacionarse con la cosa en todo momento. Esto se debe, como señalaba Ortega y Gasset y tendremos ocasión de exponer, a que el sujeto está constantemente en relación con el mundo.

Sintetizando lo anterior, podemos decir que conocer conocemos todos, pero que iluminaciones tienen pocas personas, porque las iluminaciones suceden poco y a unos pocos privilegiados. Aunque tanto unos como otros conocen el ser de las cosas o las aprehenden, resulta que hay quienes alcanzan únicamente una perspectiva y quienes llegan verdadera e íntegramente a conocer el ser de la cosa objeto de conocimiento. De estos es de quienes puede decirse que, en sentido estricto, completan el acto de conocimiento o, dicho de otro modo, que alcanzan su momento culmen, pues son ellos quienes viven la iluminación o acto estético que ahora tendremos ocasión de explicar.

En definitiva, la razón es fe vidente: *fe* porque se sustancia en un creer último, pero *vidente* porque niega el conocimiento ciego, que es mitológico[11], y se embarca primeramente en el mar del razonar. La fe es, entonces, el sustento de la actividad racional. Para la mayoría de los mortales, completa el conocimiento del ser de las cosas y, para aquellos a quienes verdaderamente se presenta la cosa objeto de conocimiento y, con ella, su ser de modo clarividente, es el motor de la iluminación o acto estético que viven, el cual se funda en la especial conexión que el sujeto experimenta con el ser de la cosa que conoce. Respecto de este especial sentir o particular conexión, pueden resultar útiles las siguientes palabras de Ortega y Gasset:

> Pero con el estudio no acontece lo mismo: para que yo entienda de verdad una ciencia no basta que yo finja en mí la necesidad de ella, o lo que es igual, no basta que tenga la voluntad de aceptarla; en fin, no basta con que estudie. Es preciso, además, que sienta auténticamente su necesidad, que me preocupen espontánea y verdaderamente sus cuestiones: solo así entenderé las soluciones que ella da o pretende dar

---

[11] Si bien el mito suele ser definido como una narración ficticia, protagonizada por personajes idealizados, de autor anónimo y considerada verdadera de manera indiscutible, es aquí empleado el adjetivo *mitológico* de modo más amplio. En este contexto, hemos de entender el mito, ya no como un tipo particular de narración, para la filosofía, o como una simple farsa o mentira, para el lenguaje cotidiano, sino como un modo particular de posicionarse frente a la verdad. El mito es el resultado del obrar mitológico y este es, en definitiva, la aceptación ciega de la verdad; o sea, la consideración del objeto de conocimiento como cierto sin haber habido previamente, en el proceso de conocerlo, duda alguna acerca de su veracidad, sea cual sea la autoridad de la que se recibe e incluso si lo es la ciencia, a la que parece tenerse, en muchas ocasiones, como la Diosa Ciencia, expandiendo erróneamente *ad infinitum* su objeto.

a esas cuestiones. Mal puede nadie entender una respuesta cuando no ha sentido la pregunta a que ella responde[12].

En este capítulo, entiéndase *razón* de modo amplio; es decir, como razón y pensamiento o, en general, como el proceso o acto de conocer, si bien se emplea el término *razón* porque resulta más cercano y facilita la explicación. Realmente, el conocimiento del ser de las cosas, tanto si es desde una perspectiva como si se refiere a la iluminación o acto estético que se describirá después, se refiere al momento el que se aprehende la cosa objeto de conocimiento, bien parcialmente, bien íntegramente, lo que hace que se trate de un momento que no es dinámico, como la razón, sino estático, como el pensamiento. Ahora bien, nada obsta a que resulte, como sucederá en la mayoría de las ocasiones, de un proceso previo de razonamiento.

1.3. EL ACTO DE CONOCIMIENTO COMO ACTO ESTÉTICO O ILUMINACIÓN

La idea que ahora se abordará y que se ha introducido, aunque someramente, en el epígrafe anterior la contemplábamos ya en un ensayo previo, contenido materialmente en este libro: la idea o encuentro clarividente con el objeto de conocimiento o aprehensión del Bien último, o participación algo menos perfecta de este, se debe en última instancia a una determinada iluminación no buscada, sino sobrevenida, que no nace en el sujeto, sino que

---

[12] ORTEGA Y GASSET, J. (1934). *Unas lecciones de metafísica* (2ª ed., p. 26). Alianza Editorial.

muere en él. Decíamos, en este sentido, que si bien la epistemología no se funda ni construye sobre sensaciones o emociones, lo cierto es que, en el cara a cara con lo Bello, con la Belleza en sí; esto es, en el momento último del acto de conocimiento, el hombre se ve inmerso en un acto estético y es entonces cuando, sintiéndose pleno, surgen las grandes preguntas y tesis filosóficas o, como las definíamos en el prólogo de esta obra, filosófico-vitales.

Todo acto o proceso de conocimiento radica, si bien no siempre ni todos pueden experimentarlo, en un momento último o culmen en que se aprehende el objeto de conocimiento o, dicho de otro modo, en el que objeto de conocimiento sale al encuentro del hombre —esto sin perjuicio de que, como se ha dicho, las cosas no salen al encuentro objetivo del hombre, sino que el hombre conoce con toda su persona—. Este momento último no es, conforme a la diferenciación que se hará en el capítulo siguiente, razón, sino pensamiento, el cual consiste, siguiendo la definición del filósofo Ortega y Gasset, en descubrir el ser de las cosas. Es más, no es solo descubrir el ser de las cosas, lo cual también acontece cuando se conocen desde una perspectiva —efectivamente, cuando el hombre conoce una cosa desde una perspectiva, también conoce su ser, si bien lo hace de modo limitado, dado que él conoce, en efecto, una perspectiva, mientras que la fe completa lo desconocido en sentido estricto—, sino que, aunque conociéndose desde la persona de uno, se aprehende el ser verdadera, íntegra o clarividentemente. He aquí la clave de la iluminación. En este momento, cuando se aprehende la cosa objeto de conocimiento verdaderamente, se descubre la verdad que hay en ella y, en este sentido, acontece, como decíamos, una iluminación o, en nuestras palabras, acto estético, porque lo que sucede no es ya pura racionalización ni tan solo pensamiento, sino que se trata de un instante de especial conexión con el objeto de conocimiento, donde lo que se vive, si acaso puede ser descrito de algún modo, es inefable. Se trata, en definitiva, de un momento en el que el sujeto cognoscente queda arrollado, abrumado o absorto por la verdad que, como descubrimiento o cosa que se desvela, aunque estaba siempre ahí, es ahora cuando se presenta ante él. Dicho de otro modo, no es racionalización, porque no es un momento dinámico, sino que es pensamiento, porque es estático y lo que se conoce es el ser de la cosa; mas no es solo pensamiento, conforme a la categorización tradicional, porque no se capta solamente un concepto, sino que el sujeto conecta con la cosa objeto de conocimiento y entra en una especial relación con ella. En otras palabras, conocer verdadera o íntegramente el ser de las cosas es, conforme la categorización tradicional, pensamiento; pero no es solo eso, porque no se agota en captar un concepto, sino que es una iluminación o acto estético y, en este sentido, consiste en conectar con lo que se conoce y, consecuentemente, quedar arrollado por la verdad que se desvela.

Así las cosas, tenemos la segunda de las características del acto de conocimiento: el acto de conocimiento, en su último término o culmen —y solo en este momento final—, es un acto estético o iluminación. Esta iluminación es, por su propia naturaleza, estética, pues la aprehensión del objeto de conocimiento conlleva el desvelo de la verdad y, consecuentemente, la conexión con lo Bello en sí mismo, que es Dios, o con cualesquiera otras circunstancias de la *res extensa,* las cuales participan, en mayor o menor medida, de lo Bello —participan de lo Bello porque, como veremos en el cuarto capítulo, todo lo que existe se sustenta en la existencia gracias a Dios, que es actualizador puramente actual y, como tal, la causa primera—. Dicho de otro modo, la aprehensión del objeto de conocimiento conlleva la conexión con la Belleza, dado que, (a) por un lado, supone conocer el ser de la cosa y, en ese sentido, desvelar su esencia, la verdad, que no es otra cosa que lo Bello que hay en ella, al tiempo que, (b) por otro lado, siempre se aprehende o lo Bello en sí mismo o algo que participa de lo Bello. Dicho de otro modo, este último momento del acto de conocimiento no es razonamiento o razón, sino pensamiento o inteligencia y, como tal o etimológicamente, «lectura dentro de las cosas» *(inter et legere)*[13]; esto es, conlleva el reconocimiento de su ser, su esencia, su Bien, lo que es Bello en ellas o, en otras palabras, lo bueno para cada una de ellas, siendo lo bueno para algo su obra especial o lo impregnado en su alma (Aristóteles). Respecto de esto último, decía Aristóteles lo siguiente:

> En efecto, como en el caso de un flautista, de un escultor y de todo artesano, y en general de los que realizan alguna función o actividad parece que lo bueno y el bien están en la función, así también ocurre, sin duda, en el caso del hombre, si hay alguna función que le es propia. [...]. Si, entonces, la función propia del hombre es una actividad del alma según la razón, o que implica la razón, y si, por otra parte, decimos que esta función es específicamente propia del hombre y del hombre bueno, como el tocar la cítara es propio de un citarista, y así en todo añadiéndose a la obra la excelencia queda

---

13 Etimologías de Chile. *Etimología de INTELIGENCIA*
Recuperado de: https://etimologias.dechile.net/?inteligencia

la virtud (pues es propio de un citarista tocar la cítara y del buen citarista tocarla bien), siendo esto así, decimos que la función del hombre es una cierta vida, y esta es una actividad del alma y unas acciones razonables, y la del hombre bueno estas mismas cosas bien y hermosamente, y cada uno se realiza bien según su propia virtud; y si esto es así, resulta que el bien del hombre es una actividad del alma de acuerdo con la virtud, y si las virtudes son varias, de acuerdo con la mejor y más perfecta, y además en una vida entera. Porque una golondrina no hace verano, ni un solo día, y así tampoco ni un solo día ni un instante (bastan) para hacer venturoso y feliz[14].

De hecho, es curioso anotar, llegados a este punto, que el concepto de *verdad* que procede de la tradición griega tiene que ver con el desvelar o, en otras palabras, que la verdad no se construye, sino que se desvela y, en este sentido, es inmutable. *Verdad* en griego es *alétheia,* palabra que se traduce por «lo que no está oculto» o «lo que es evidente».

[…] En Grecia se concibe la verdad, prescindiendo del tiempo y la historia, como existencia y ser determinado. La relación entre el ser y el conocimiento constituye el problema fundamental de la cuestión de la verdad para los griegos (Coenen, 1987); así, en Aristóteles vemos que la tarea de la filosofía es avanzar a través de la apariencia encubridora hacia el verdadero ser de las cosas *(Metafísica,* 1003 a 21).

---

[14]   Aristóteles. *Ética a Nicómaco* (libro I, cap. VII).

El termino griego *alétheia* se une a verbos de percepción (ver, oír, enterarse de, etc.), por eso la verdad se puede mostrar, enseñar, decir, descubrir. [...]. Se puede decir que el concepto griego de verdad hace referencia a la realidad manifiesta de lo existente y válido, sean cosas, afirmaciones, virtudes humanas o atributos divinos.

En palabras de Bultmann R. [2]: «Este concepto de verdad surge, pues, sobre la base de una concepción del hombre, según la cual este no recibe su peculiaridad de lo histórico, sino de los *logoi* inmutables e intemporales que constituyen su ser y el ser de todas las cosas»[15].

En este sentido, Ortega y Gasset, a quien tendremos ocasión de mencionar en repetidas ocasiones en este libro, dice así en una de sus obras —aunque, para nosotros, conforme a la definición griega, toda verdad es evidente, porque toda verdad se descubre e ilumina—:

> Todas las verdades evidentes tienen este carácter: que cuando por vez primera las descubrimos nos parece que ya de antemano y desde siempre las sabíamos, pero no habíamos caído en ellas. Estaban, pues, ya ante nosotros, pero estaban veladas, cubiertas. Por eso, la verdad se descubre; tal vez, verdad no sea sino descubrimiento, quitar un velo o cubridor a lo que en rigor ya estaba ahí y con lo cual ya contábamos[16].

---

[15] Captarsi (octubre, 2004). *Verdad, tradición judeocristiana y psicoanálisis.* Recuperado el 1 de octubre de 2004 de:
https://www.cartapsi.org/new/verdad-tradicion-judeocristiana-y-psicoanalisis/
[16] ORTEGA Y GASSET, J. (1934). *Unas lecciones de metafísica* (2ª ed., pp. 62-63). Alianza Editorial.

Esta iluminación sucede en el momento culmen de todo acto de conocimiento, si bien no siempre acontece, pues en la mayoría de las ocasiones el sujeto se queda en el conocimiento del ser de la cosa desde su perspectiva, donde este no se aprehende de modo clarividente, sino que la fe completa las perspectivas desconocidas. Ahora bien, la intensidad de la iluminación es diversa, según el tipo de acto de conocimiento de que hablemos. De este modo, podemos distinguir dos tipos de actos de conocimiento: (a) por un lado, aquel en el que se aprehende un objeto de conocimiento que participa de lo Bello o el Bien; esto es, cuando lo que se conoce es una circunstancia de nuestra vida que se integra en la *res extensa* —por ejemplo, cuando conocemos el árbol, la manzana o la bicicleta—, y (b) por otro lado, aquel en el que se aprehende la propia intimidad, momento en el que el hombre descubre el Bien de la vida y se encuentra con Dios, que es, como tendremos oportunidad de exponer más detalladamente, la única circunstancia que puede existir aquí y, concretamente, la circunstancia que constituye, por ser ella misma, la *res infinita*. En ambos actos de conocimiento, el hombre conecta con la Belleza, ya que, (a) en primer lugar, lo Bello en una cosa es su ser, su esencia o lo impregnado en su alma y, (b) en segundo lugar, porque el primer tipo de acto de conocimiento supone desvelar una circunstancia que participa de lo Bello en sentido estricto, al tiempo que el segundo tipo supone la conexión con lo Bello o Dios. Ahora bien, este segundo acto de conocimiento conlleva, como iremos descubriendo a lo largo de estas páginas, la conexión del hombre consigo mismo y con lo más absoluto o, en otras palabras, la aproximación o cuasi aprehensión del todo acto o, si se prefiere, la infinitud. De ahí que la iluminación que vive el hombre en este segundo tipo de acto de conocimiento sea la más intensa posible.

1.4. La razón como fe vidente en la iluminación y, específicamente, en el conocimiento o conexión con la intimidad

Como ya se anotaba, la iluminación es el momento último o culmen de todo acto de conocimiento, si bien no siempre acontece. Esto sucede tanto en los actos cognoscitivos en los que se aprehenden verdades que son participaciones de lo Bello como en el acto de conocimiento más perfecto; es decir, en la conexión del hombre con su intimidad. Este segundo tipo de acto de conocimiento es, según lo visto, estético; o sea, una iluminación, lo que hace que, en último término, exija también fe, confianza y, en definitiva, un especial sentir o una particular conexión del sujeto con la cosa objeto de conocimiento.

Decíamos antes que la fe como sustento último de la actividad racional está presente tanto en aquellas ocasiones en las que la persona únicamente llega a conocer desde una determinada perspectiva como cuando experimenta la iluminación o acto estético propios del final o desarrollo pleno de todo acto de conocimiento. En estas segundas ocasiones, la fe es el motor de la especial conexión que el sujeto siente respecto de la cosa objeto de conocimiento, por cuanto decíamos que conocer el ser de una cosa, si bien es pensamiento, no es captar un concepto, sino entrar en una especial relación con aquel. Esta especial conexión es una experiencia próxima o cuasi equivalente a la vivencia de un acto de fe, porque, de entre otras razones, el ser de la cosa que se conoce es inefable, lo que hace que, en el momento en que lo conoce, el hombre se sienta abrumado o absorto por la verdad, sensación que es próxima e, incluso, característica de los actos de fe. Esto se manifiesta más claramente en el acto de conocimiento más pleno; esto es, en el que consiste en aprehender la propia intimidad.

Así, existe en toda clarividente aprehensión de la cosa objeto de conocimiento un especial sentir respecto de lo que se conoce y con más razón lo hace en el acto estético de conocimiento o aprehensión de la propia intimidad, el cual es, como decíamos, el más pleno que existe. En este, hemos de percatarnos de que el hombre no puede, porque no es un ser creador ni actualizador puramente actual, como lo es Dios, llegar a aprehender plenamente lo Bello, sino que se produce una cuasi aprehensión de ello. Esto se debe a que lo Bello, que es Dios, es el puro acto o lo absolutamente necesario, mientras que el ser humano es contingente; es decir, tiene potencias sin actualizar. Lo más puede lo menos, pero lo menos no puede lo más y, en este sentido, no puede alcanzar lo que es contingente o no tiene todas las potencias actualizadas lo Bello, el puro acto. Y es porque metafísica y antropológicamente no puede que la realidad de las cosas exige, como momento último en la conexión con la intimidad, un acto de fe, que se manifiesta o vive en el sentirse plenamente abrumado, exhorto, arrollado o en una conexión especial con la idea u objeto que se aprehende, que es, en este acto de conocimiento más pleno, la intimidad, libertad de conciencia, el Bien de la vida y Dios, por cuanto todas ellas, tal y como al final de la obra se expondrá, están íntima y necesariamente relacionadas.

I.5. La inefabilidad del ser

Partiendo de lo que hemos desarrollado en las páginas anteriores, la idea que ahora se expondrá puede sintetizarse como sigue: el ser de las cosas, cuando se aprehende verdaderamente; esto es, como objeto de la iluminación o acto estético, es inefable. Ahora bien, esto no quiere decir, como ya hemos señalado, que sea inaprehensible. Someramente, esta es la esencia del concepto que ahora introducimos: *la inefabilidad del ser*.

Para poder exponer esta idea es necesario, no obstante, introducir o repasar una serie de conceptos previos.

En primer lugar, siguiendo la tesis de Ortega y Gasset, decimos que las cosas que encontramos en el mundo o circunstancias, cuando no reparamos en ellas, no son nada; esto es, no tienen un ser, sino que es solamente cuando tomamos conciencia de las mismas y las pensamos que, con nuestro pensamiento, desvelamos el ser que hay tras ellas. Mientras tanto, todo lo que son dice más de nosotros que de ellas o, dicho de otro modo, dice lo que ellas son para nosotros.

> [...] Si esta luz que está ahí es algo distinto de su ser, quiere decirse que las cosas no tienen «ser», mientras no me pregunto yo por él y hago funcionar mi pensamiento. Pero como pensar en ellas —según sabemos— es solo una de las innumerables cosas que puedo hacer con ellas, resultará que en todo el resto de mi hacer, en todo el resto de mi relación vital con las cosas estas no tienen ser. [...].
>
> Si ahora resumimos contestando perentoriamente, rigorosamente a nuestra pregunta: ¿Qué es esta luz cuando yo

no pienso en ella? Pues es lo que me alumbra y me permite leer, lo que enciendo y apago, lo que cuesta tanto y cuanto a la Facultad. Pero ¿y qué más es? Pues… nada más; es decir, pues nada… además. Por tanto, es todo aquello y, además, nada. O dicho de otra forma: ser todo aquello es ser nada[17].

En rigor, la mesa primaria no es ni lo uno ni lo otro, ni nada. No tiene ser por sí: está ahí facilitando o dificultando mi vida como elemento de ella, me sirve o me desirve, me favorece o me perturba.

Pero cabía decir que eso, favorecerme, es el ser de esta mesa. Sin embargo, ¿y si huyo porque hay fuego? La mesa me estorba. Y aun ese mismo ser —ser facilidad, ser dificultad— no lo es ella, sino que depende de lo que yo tenga que hacer: escribir o huir.

Por tanto, la circunstancia, por lo pronto y como tal, no tiene ser; ese mínimo que parecería tener no es de ella, sino de mí. Depende lo que la circunstancia sea de quien sea yo: el que tiene que escribir o el que tiene que correr[18].

Esto pone de manifiesto, asimismo, el hecho de que, como ya anunciábamos, el hombre está en una constante relación con el mundo y que conoce desde su persona. De aquí que, en cierto modo, las cosas sean, cuando no son, lo que son para el hombre y que desvelar el ser de las cosas, siguiendo la doctrina de Ortega y Gasset, requiera preguntarse por el ser del yo. Asimismo,

---

[17] ORTEGA Y GASSET, J. (1934). *Unas lecciones de metafísica* (2ª ed., pp. 114, 116-117). Alianza Editorial.
[18] ORTEGA Y GASSET, J. (1934). *Unas lecciones de metafísica* (2ª ed., p. 163). Alianza Editorial.

esto explica que, como decíamos, desvelar el ser de las cosas sea entrar en una especial relación con ellas, pues siempre está el hombre en relación con las cosas; si bien, ahora esta relación pasa por experimentar una especial conexión con la cosa objeto de conocimiento.

Si me he encontrado en la habitación o, hablando en general, en el mundo, mi percatación ha tenido primero que topar con la habitación, con el mundo, y solo después me he topado conmigo. Primero se encuentra la prisión y luego, dentro de ella, el prisionero. No formalicemos mucho este «primero» y este «luego», pero quede aquí hecha esta advertencia. Al vivir, yo estoy siempre ocupándome con las cosas —materias o personas— que me rodean, estoy atento a la circunstancia, y para encontrarme tengo que suspender esa normal atención al contorno y buscarme en él, pescarme entre las cosas desatendiendo estas y reparando en mí. Es muy importante esta advertencia de que la conciencia de mí mismo es, esencialmente y no accidentalmente, posterior a mi conciencia del mundo, o lo que es igual, que sólo reparo en mí cuando me desatiendo del mundo. [...] Nuestra vida, por sí, consiste en estar nosotros consignados al mundo y que la vida es inseparablemente y al mismo tiempo, sin que lo uno sea antes y lo otro después, contar conmigo y contar con el mundo. Sólo cuando se trata de la conciencia, del reparar, es cuando lo uno es antes y lo otro después[19].

---

[19] ORTEGA Y GASSET, J. (1934). *Unas lecciones de metafísica* (2ª ed., pp. 80-81). Alianza Editorial.

Esto transfiere a mí el problema del ser de las cosas. Para responder a ¿qué son las cosas? tengo que preguntarme ¿qué soy yo?

Pero yo soy el que tiene que habérselas con la circunstancia, el que tiene que ser en ella. Lo que yo puedo y debo ser depende, pues, a su vez, de ella.

El hombre y su circunstancia pelotean el problema del ser —se lo devuelven uno al otro—, lo que indica que el problema del ser es el de lo uno y lo otro, el del hombre y su circunstancia; el de Todo.

El hecho radical e irremediable es que el hombre viviendo se encuentra con que ni las cosas ni él tienen ser; con que no tiene más remedio que hacer algo para vivir, que decidir su hacer en cada instante, o lo que es igual, que decidir su ser, y esto incluye, como hemos visto, el ser de las cosas[20].

En segundo lugar, y como tendremos ocasión de volver a mencionar, dice el profesor Fernando Simón que los seres inanimados «solo poseen un modo de ser determinado para nosotros»[21], mientras que los seres vivientes tienen una naturaleza; o sea, «poseen un modo de ser predeterminado que no les hemos asignado nosotros»[22] y que, como tal, «no podemos conocer plenamente, precisamente porque lo poseen con independencia de nosotros»[23].

---

[20] ORTEGA Y GASSET, J. (1934). *Unas lecciones de metafísica* (2ª ed., p. 163). Alianza Editorial.
[21] YARZA, F. S. (2022). *Jurisdicción constitucional y derechos fundamentales. Lineamientos* (p. 27).
[22] YARZA, F. S. (2022). *Jurisdicción constitucional y derechos fundamentales. Lineamientos* (p. 27).
[23] YARZA, F. S. (2022). *Jurisdicción constitucional y derechos fundamentales. Lineamien-*

Finalmente, en lo que respecta a la relación entre el pensamiento y el lenguaje, partimos de la tesis esgrimida por Ortega y Gasset, en virtud de la cual ambos son uno solo y, en este sentido, están íntegra y necesariamente relacionados:

> Pensar y decir son, como veremos, una misma cosa y no es un azar que en Grecia *logos* significase ambas cosas. El pensamiento no existe sin la palabra: le es esencial ser formulado, expreso. Lo inexpreso e informulado, esto es, lo mudo no ha sido pensado y como no ha sido pensado no es sabido y queda secreto. Por eso hablar —esto es, pensar— es manifestar, declarar o aclarar, descubrir lo cubierto u oculto, revelar lo arcano. «Decir», decir algo es poner de manifiesto lo que antes existía en forma latente y larvada. Y el sentido primario del decir no es el conversar, no es el revelar yo a otro mi pensamiento, que mientras no se lo revele mediante el lenguaje es para el otro un secreto, un algo oculto; pasa que yo pueda decir algo a alguien es preciso que antes me lo haya dicho yo a mí mismo, esto es, que lo haya pensado y no hay pensar si no hablo conmigo mismo. De donde resulta que antes de revelar algo al prójimo he tenido que revelármelo a mí mismo. Mas para esto es preciso que, además de contar con ello haya reparado en ello, me haya hecho cuestión de ello y me lo haya definido[24].

---

tos (p. 27).

[24] ORTEGA Y GASSET, J. (1934). *Unas lecciones de metafísica* (2ª ed., p. 134). Alianza Editorial.

Dicho esto, podemos decir, ante todo, que el pensamiento es, conforme a la categorización tradicional, la facultad a través de la cual el hombre capta, desvela o conoce el ser de las cosas. No obstante, ya decíamos que aprehender el ser de las cosas no es solamente captar un concepto de ellas, sino experimentar una especial relación con las mismas, lo que se traduce en que la iluminación o acto estético es pensamiento y algo más que pensamiento. Para entender esta idea, piénsese en la manera en que conocemos a las personas. Así, del mismo modo que conocemos a las personas entablando una relación con ellas, podemos decir que conocemos las cosas y el mundo cuando entramos en una especial relación con ellos.

Además, de entre las cosas cuyo ser se conoce, resulta que el ser de las cosas inanimadas es determinado y, como producto del hombre, puede ser plenamente conocido por él, mientras que el ser de las cosas vivientes, aunque es determinado, porque responde a una naturaleza, no les es dado por el hombre y, consecuentemente, es inaprehensible en tu totalidad. No sucede lo mismo, como tendremos ocasión de mencionar, con la persona, que es siempre un misterio para nosotros, si bien lo es de modo distinto a como lo son el resto de cosas vivientes, dado que la persona, a diferencia de los ejemplares de este otro grupo, «no es simplemente su naturaleza, sino que tiene una naturaleza»[25]. Así pues, el ser de las cosas, sean del tipo que sean, puede conocerse, aunque sea en distintos grados: para las cosas no vivientes, plenamente; para las cosas vivientes que no son personas, no

---

[25] YARZA, F. S. (2022). *Jurisdicción constitucional y derechos fundamentales. Lineamientos* (p. 27).

plenamente, y para las personas, como si de un misterio se tratase. Ahora bien, que esto sea así no quiere decir que el ser de las cosas no pueda conocerse, sino que, dependiendo de la naturaleza de la cosa objeto de conocimiento, el conocimiento de su ser será distinto. De este modo, para las cosas vivientes y, especialmente, para las personas, conocer su ser pasa por entrar en una especial relación con ellas, momento en que nos percatamos de que son, en diversos grados —la persona lo es en mayor medida—, un misterio para nosotros. La captura de su misterioso ser es, como decíamos, pensamiento; pero es, al mismo tiempo, algo más que pensamiento y, en este sentido, tiene la fe como su motor. Y esto es conocer el ser de las cosas, cuando acontece la iluminación o acto estético, también plena, íntegra o clarividentemente, porque es conocer hasta donde alcanza nuestra naturaleza y los límites de la naturaleza nunca son, en sentido estricto, límites.

Ahora bien, en todos los casos, resulta que el ser de las cosas es inefable, que no incognoscible. Son, por tanto, dos las preguntas que hemos de hacernos ahora: por un lado, ¿por qué el ser de las cosas es inefable? y, por otro lado, ¿cómo puede ser inefable y cognoscible o aprehensible simultáneamente, si hemos dicho que el pensamiento requiere del lenguaje necesariamente?

Respecto de la primera pregunta, hemos de partir de la idea de que, *grosso modo,* el lenguaje es la herramienta que posee el ser humano para describir la realidad —entendiendo ahora *realidad* en sentido amplio; es decir, como todo lo que el hombre puede pensar[26], desde lo que existe en el mundo de lo fáctico hasta lo

---

[26] Es preciso, en este punto, anotar que lo que existe, tal y como se desarrollará después, es lo que el pensamiento puede conocer, sin perjuicio de que, en el habla cotidiana, entendamos que lo que existe es lo real; es decir, lo que hay en el mundo

que existe en otros mundos, pero que no realiza efectivamente
su ser— y, en este sentido, es una herramienta que pone en relación al hombre con el mundo o, dicho de otro modo, que sirve
para expresar la constante relación que existe entre el hombre y
las cosas, de modo que este pueda nombrarlas y, al nombrarlas,
hacerlas suyas. Así, el lenguaje dice lo que existe y la palabra no
viene a ser otra cosa que un concepto que describe una realidad.
He aquí la clave: la palabra es un concepto que describe una realidad y, concretamente, la realidad que existe en la relación que
se articula entre el hombre y la cosa, o el hombre y el mundo.
Conforme a la lingüística tradicional, las palabras están consti-
tuidas por la adicción de un significante y un significado, y todas
ellas —y sus significados— no vienen a ser más que conceptos
que sirven al hombre para describir la realidad. La palabra, como
concepto que es, es incapaz de captar la vitalidad que palpita en
lo que existe, sea esa una cosa viva o inerte. Mientras la palabra
se emplea para describir lo que hay; esto es, mientras se queda
en los accidentes de las cosas o cuando se captura el ser de una
cosa desde una determinada perspectiva, no hay problema, porque
en estos casos no se aprehende el ser plena o íntegramente, sino
que uno se queda en la superficie que, como tal, es susceptible de
conceptualización. El problema de la inefabilidad se da cuando se
pretende decir qué es el ser de una circunstancia; mas plenamente
considerado e, incluso y más claramente, cuando ello pase por
decir que es un misterio para nosotros.

---

de lo fáctico o, en general, lo que hay en un mundo determinado. Existir, conforme
al uso habitual del lenguaje, es haber en un mundo concreto y, específicamente, en
el mundo de lo fáctico; pero, en un sentido metafísico y para nosotros, es lo que el
pensamiento puede conocer. No se pierda de vista esta idea, que es fundamental.

Así, cuando se pretende señalar el ser de una cosa, son dos las estrategias que, empleando el lenguaje, pueden seguirse: o (a) se le da una palabra o calificativo —se habla de Mesa o *La* Mesa o Mesa *en abstracto*—, asemejando el significado de la palabra al ser de la cosa, o (b) se describe el propio ser, lo que pasa por emplear un conjunto de palabras que nos remontan a una relación entre el hombre y la cosa. Sin embargo, encontramos problemas en ambas opciones.

Por un lado, la primera opción momifica (Nietzsche) el ser; esto es, reduce el ser de las cosas al concepto de la palabra que se emplea para nombrarlo. Sin embargo, hemos dicho que captar el ser de una cosa no es capturar un concepto, sino entrar en una especial relación con el ser de la cosa objeto de conocimiento y, concretamente, experimentar una particular conexión con la cosa y su ser que, como decíamos, es próxima a un acto de fe. Esto se debe a que el ser de las cosas no es un concepto y, es más, no es susceptible de conceptualización. La cosa, conforme a la doctrina aristotélica, es hilemórfica; esto es, está compuesta por materia y forma, de modo que lo único que existe autónomamente es la cosa hilemórfica; pero no la forma ni la materia en sí mismas. Conforme a estas categorías, el ser de la cosa es la forma. La materia es susceptible de conceptualización —excepto cuando se pretende decir la forma tras la materia o, en otras palabras, el ser de la materia, en cuyo caso encontramos el mismo problema—, porque no deja de ser accidental; pero la forma o ser de las cosas no es susceptible de conceptualización, pues es su realización efectiva la que dota a las cosas de existencia y la existencia sobrepasa cualquier concepto.

Por otro lado, resulta que describir el ser pasa por emplear un conjunto de palabras que, como palabras, conceptualizan distintos elementos de la relación que se constituye entre el ser humano y la cosa. La descripción del ser es, en este sentido, una momificación o conceptualización fragmentada; o sea, hace lo que hace la palabra, pero introduce detalles o matices que, con una única unidad lingüística, no pueden expresarse. Asimismo, resulta que describir es siempre «representar o detallar el aspecto de alguien o algo por medio del lenguaje» (DRAE) o, dicho de otro modo, que la descripción se queda siempre en la superficie de lo que acontece, pero es incapaz de capturar lo esencial en esta relación, precisamente, porque, en este caso, lo esencial es inmomificable o inconceptualizable. La palabra describe la realidad, donde la realidad se refiere siempre a una relación del hombre con el mundo. Cuando el objeto de la relación del hombre con el mundo es conceptualizable, la descripción que la palabra hace de la realidad es acertada y, consecuentemente, no se presenta el problema de la inefabilidad; pero cuando el objeto de la relación del hombre con el mundo no es conceptualizable, como no lo es el ser de las cosas, cuando se captura íntegramente, la descripción que de la realidad hace la palabra, la cual es una conceptualización fragmentada, no permite decir el objeto; esto es, el ser y, consecuentemente, se presenta el problema de la inefabilidad.

Es por esto que decíamos que la iluminación o acto estético es un momento que, si acaso podía describirse de algún modo, era empleando el adjetivo *inefable,* al tiempo que señalábamos que, en este momento, el hombre se siente abrumado o arrollado por la verdad que esconde el ser de la cosa.

Todo lo dicho no quiere decir, sin embargo, que el ser de las cosas no pueda conocerse. Al contrario, el hombre puede conocer el ser de las cosas —en la posibilidad de conocerlas reside, como veremos, la esencia de la falsabilidad metafísica—, lo cual acontece cuando conecta especialmente con aquel. Ahora bien, habremos de responder a la segunda de las preguntas; esto es, ¿cómo puede ser inefable y cognoscible o aprehensible simultáneamente, si hemos dicho que el pensamiento requiere del lenguaje necesariamente?

La respuesta es sencilla: la inefabilidad responde a la imposibilidad de explicar algo con palabras; pero el lenguaje y, más ampliamente, la comunicación, no se agotan en la palabra, sino que existen otros modos a través de los cuales el pensamiento del hombre se dice; es decir, a través de los cuales el pensamiento se realiza como *logos,* en su otra acepción. La palabra, en sentido estricto, responde a la definición que veníamos trabajando; o sea, a una «unidad lingüística, dotada generalmente de significado, que se separa de las demás mediante pausas potenciales en la pronunciación y blancos en la escritura» (DRAE); mas la apertura del concepto nos permite ver que el pensamiento no necesita, para hacerse efectivo, de la palabra en sentido estricto, sino de medios o potenciales modos de comunicación. El pensamiento necesita poder ser comunicado o dicho; pero no se agota en la momificación de la palabra, precisamente, porque la existencia no se agotaba en el concepto en que consiste palabra y, si así fuera, nos encontraríamos con que hombre estaría inmerso en un mundo que escapa de los límites de su pensamiento, lo que es trágico y, de algún modo, contraintuitivo. De aquí que haya habido quienes hayan defendido la naturaleza simbólica del hombre (Cassirer).

Esto es lo que decimos nosotros ahora: el hombre, cuando precisa expresar lo más esencial, es un animal simbólico. El símbolo es el nutriente de la realización expresiva del pensamiento. Es más, el hombre es arte. Y, de entre las artes, la más pura es la poesía, pues es la que hace trascender a la palabra, elemento prototípico del lenguaje, y, en este sentido, la que la eleva por encima de su momificación natural, para conseguir expresar lo que escapa al concepto en que ella misma consiste.

1.6. PROPUESTA

Ahora que conoce el lector la manera en que entendemos el acto de conocer, tenga presente, si quiere, la siguiente propuesta.

No se aproxime a la lectura de las páginas siguientes de modo exclusivamente teórico, sin perjuicio de que su comprensión vaya a requerir cierta predisposición intelectual. Por el contrario, intente, conforme lea, sentir la grandeza de las ideas que quieren transmitirse. Lea lo que sigue como ha leído la primera parte de esta obra; esto es, dejándose abrazar y arrollar por la belleza de las palabras, que ahora son teóricas y no poéticas; pero que, en todo caso, buscan alcanzar la iluminación final que hay tras su captura. Si se enfrenta a la obra de este modo, le prometo que las ideas que se defienden, esté o no conforme con ellas, calarán en usted de manera completamente diferente.

2. LA LIBERTAD COMO ESENCIA ANTROPOLÓGICA

2.1. Planteamiento

Sin perjuicio de las defensas que en contrario se han hecho a lo largo de la historia de la filosofía, es hoy generalmente aceptado que el hombre es libre[27] y no solo en el obrar particular, donde el grado de libertad varía dependiendo del caso concreto[28], sino como rasgo antropológico básico.

Para una correcta asimilación de las ideas que se expondrán en este capítulo, es conveniente partir de la concepción de la libertad como un rasgo antropológico susceptible de graduación, de manera que, si bien un sujeto concreto puede ser más o menos libre, siempre lo es en cierto grado de modo absoluto, pues existe un núcleo necesario de libertad que no le puede ser cercenado. Gráficamente, la libertad puede ser entendida como un conjunto de círculos concéntricos, donde el primero de ellos o más pequeño es ese núcleo necesario, mientras que los demás

---

[27] Si no lo fuera, de hecho, sería imposible la imputación de responsabilidad y, con ella, el reproche, cayendo la ética y el derecho de las sociedades y países, dado que no puede responsabilizarse de una acción a quien no la acometió libremente.

[28] Esta cuestión es especialmente relevante en el ámbito jurídico, donde el grado de responsabilidad atribuible a la persona debe estudiarse en atención a las circunstancias del caso concreto. Así, esta cuestión se aprecia con gran claridad en la atribución de responsabilidad jurídico-penal, donde las diversas categorías de la Teoría General del Delito, elaboradas por la doctrina alemana, responden a dicha graduación de la responsabilidad.

responden, progresivamente, a un mayor grado de libertad; pero, a diferencia del primero, pueden o no darse en el caso concreto, dependiendo de las circunstancias que acontezcan.

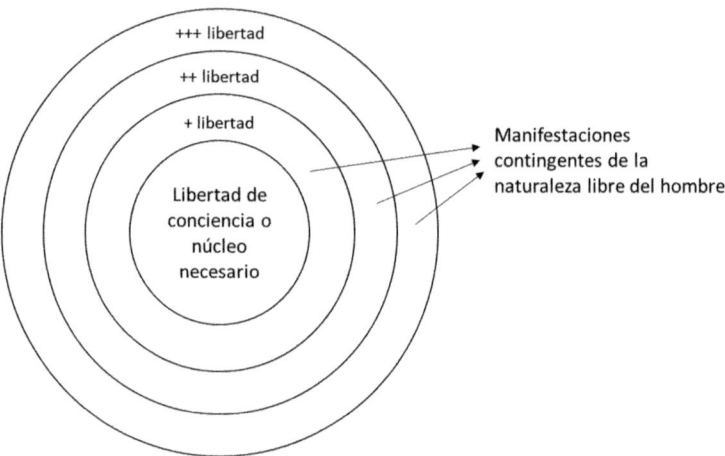

De este modo, tal y como se expondrá, el círculo primero o necesario es la libertad de conciencia, mientras que el resto de círculos concéntricos son grados de libertad, de naturaleza contingente, que responden a las diversas manifestaciones de la libertad en la *res extensa*.

Finalmente, se defiende en este capítulo que la libertad de conciencia es el rasgo antropológico básico o esencial; mas no aisladamente, sino en consonancia con la intimidad, que es el yo, en la que se da o existe de modo necesario.

2.2. Razón y pensamiento

Razón y pensamiento no son lo mismo, pero se encuentran naturalmente relacionados y es por ello que, a efectos de defender la tesis contenida en este capítulo, puede parecer que se les da un tratamiento indistinto. Dada esta problemática, se hace estrictamente necesario comenzar delimitando qué es cada uno y cómo se interrelacionan.

A la hora de aproximarnos a la realidad de las cosas; es decir, a lo que son o a su definición, es especialmente relevante el lenguaje; esto es, el modo en que, en el habla cotidiana, se emplean las palabras que expresan la realidad, la cual hace el sujeto suya al nombrarla[29]. Así las cosas, en la determinación de la diferencia entre los términos *razón* y *pensamiento,* nos será de gran utilidad evaluar su etimología y definición, así como la de otras palabras derivadas de ellos.

La palabra *razón* procede del latín «ratio, rationis», que procede, a su vez, del verbo «reor, reris, reri», que significa creer o pensar. A la palabra «ratio, rationis» se le incorpora el sufijo latino

---

[29] Esto sin perjuicio de que el ser de las cosas, cuando se conoce de modo clarividente, esto es, como fruto de la iluminación o acto estético, sea inefable. Ahora, sin embargo, no estamos en ese plano, sino en un momento anterior del acto de conocimiento y, concretamente, en el conocimiento del ser de las cosas desde una perspectiva, que es como conocen la mayoría de los mortales y en la mayoría de las ocasiones, al tiempo que la iluminación es una experiencia personal. En este estadio menos perfecto del acto de conocimiento, en el que también se conoce el ser de las cosas, aunque no de modo pleno, absoluto o clarividente, y donde la fe completa lo que no se conoce en sentido estricto, decíamos que no se plantea el problema de la inefabilidad, dado que la realidad que describe la palabra es conceptualizable. De aquí que, siendo este el marco en el que nos movemos, partir del lenguaje sea una correcta aproximación.

«-tio», que indica acción y efecto[30]. Asimismo, como palabras derivadas tenemos, por ejemplo, *razonar,* que está formada por «ratio, rationis» más el sufijo «-ar»[31], y *razonamiento,* que resulta también de la palabra latina «ratio, rationis» y el sufijo «-miento», que expresa resultado de una acción[32]. En lo que respecta al significado de estas palabras, la razón es definida como la «facultad de discurrir» (DRAE), mientras que discurrir es «inventar o idear algo» (DRAE) o «pensar o imaginar algo» (DRAE), de entre otras acepciones. Con un sentido similar, razonar es «exponer razones para explicar o demostrar algo» (DRAE) u «ordenar y relacionar ideas para llegar a una conclusión» (DRAE), y el razonamiento es definido como la «acción y efecto de razonar» (DRAE).

Por su parte, la palabra *pensamiento* procede del verbo latino «pensare», que significa comparar o estimar, y el sufijo «-miento», que expresa instrumento, medio o resultado de una cosa[33]. Al igual que señalábamos anteriormente, como palabras derivadas de esta encontramos, por ejemplo, *pensar,* que procede del latín «pensare», que viene, a su vez, del verbo latino «pendere», que significa colgar y pesar[34]. En materia de definiciones, encontramos que el pensamiento es la «facultad o capacidad de pensar» (DRAE), pero también «la acción y efecto de pensar» (DRAE) y

---

[30] Etimologías de Chile. *Etimología de RAZÓN*
Recuperado de: https://etimologias.dechile.net/?razo.n
[31] Etimologías de Chile. *Radicación de la palabra RAZONAR*
Recuperado de: https://etimologias.dechile.net/?razonar
[32] Etimologías de Chile. *Radicación de la palabra RAZONAMIENTO*
Recuperado de: https://etimologias.dechile.net/?razonamiento
[33] Etimologías de Chile. *Radicación de la palabra PENSAMIENTO*
Recuperado de: https://etimologias.dechile.net/?pensamiento
[34] Etimologías de Chile. *Etimología de PENSAR*
Recuperado de: https://etimologias.dechile.net/?pensar

que pensar se define como «formar o combinar ideas o juicios en la mente» (DRAE) o «examinar mentalmente algo con atención para formar un juicio» (DRAE).

Señalado lo anterior, pueden hacerse las siguientes valoraciones. En primer lugar, que la razón y el pensamiento son facultades o capacidades del ser humano. En segundo lugar, que razonar es la acción de emplear la razón, como facultad, y que pensar es la acción de emplear el pensamiento, pues ambos son verbos y, como tales, acciones que han de tener por objeto la facultad que las posibilita. En tercer lugar, que el razonamiento es la acción de razonar, al tiempo que el pensamiento es tanto la acción de pensar como la facultad humana objeto del pensar. En otras palabras, si en el ámbito de la razón tenemos tres palabras distintas que determinan tres estadios diferentes —(a) *razón,* como facultad; o sea, en el origen; (b) *razonar,* como acción que resulta del ejercicio de la facultad de la razón, y (c) *razonamiento,* como resultado de la acción de razonar—, en el plano del pensamiento, solo tenemos dos palabras —(a) *pensamiento,* como facultad; (b) *pensar,* como acción que resulta del ejercicio de la facultad del pensamiento, y (c) *pensamiento,* como resultado de la acción de pensar—.

Asimismo, podemos observar que la diferencia fundamental entre la razón y sus derivadas, y el pensamiento y las suyas es el movimiento o acción. Para hacernos cargo de esta idea, vamos a centrarnos, primeramente, en las acciones propiamente dichas, que son los verbos *razonar* y *pensar,* pues ayudan a comprender más fácilmente la idea. Así, aunque tanto razonar como pensar sean acciones, lo cierto es que existe en el razonar un cierto movimiento que no existe en el pensar. Cuando uno piensa, piensa en algo; o sea, pone el foco en una cosa objeto de conocimiento concreta, mientras que, cuando uno razona, va y viene de un axioma a otro para obtener una conclusión final.

Esto se observa, etimológicamente, en que la palabra *razón* incorpora el sufijo latino «-tio», que indica acción y efecto, al tiempo que la razón es la «facultad de discurrir» (DRAE) y discurrir es, como primera acepción, «inventar o idear algo» (DRAE); esto es, que el verbo incorpora, además de la acción propia de todo verbo, un cierto movimiento adicional. Lo mismo podemos apreciar y de modo mucho más directo si nos centramos en el verbo *razonar,* el cual es definido como «exponer razones para explicar o demostrar algo» (DRAE) u «ordenar y relacionar ideas para llegar a una conclusión» (DRAE); o sea, que su acción implica un proceso en el que se parte de axiomas y se busca llegar a un resultado último.

Por el contrario, la etimología de la palabra *pensamiento* no apunta a un cierto movimiento, sino a la comparación o balanza entre dos o más cosas que, como ideas, son concebidas en sí mismas; o sea, estáticas. Dicho de otro modo, el pensamiento puede ser empleado en el lenguaje, como ya se anotaba, como facultad o resultado de la acción de pensar, mas en ningún caso conlleva el movimiento que incorpora el razonar. El pensamiento como facultad no lo incorpora, porque es una facultad y, como tal, no es una acción, y el pensamiento como resultado de la acción de pensar, tampoco, porque el sufijo «-miento» expresa resultado o medio de una acción, pero no la acción en sí misma. Además, siendo el pensamiento el resultado de la acción de pensar, lo relevante es la etimología de *pensar,* la cual, como ya se decía, procede del verbo latino «pesare», que no expresa movimiento en el sentido en que la razón va de axioma en axioma para llegar a una conclusión final, sino que se refiere a la comparación o consideración de ideas u objetos de conocimiento de modo estático. En este sentido, hemos dicho que pensar era «formar o combinar ideas o juicios en la mente» (DRAE) o «examinar mentalmente algo con atención para formar un juicio» (DRAE); o sea, una actividad estática o de construcción o examen, pero no dinámica, lineal o de ir y venir de axioma en axioma.

En este sentido, decía Ortega y Gasset que el pensamiento también conlleva cierto movimiento y que, en definitiva, no es contemplación, sino el camino hacia la búsqueda del ser de la cosa o circunstancia:

> El pensamiento, como hacer del hombre, no consiste en mirar desinteresadamente los objetos en torno y reflejarlos como un espejo, que es lo que parece significar la palabra «contemplación».
>
> Hemos visto que el acto inicial del pensamiento era preguntarse por el ser de algo, por ejemplo, de la tierra, que ha temblado. Pero la tierra está ahí y no tengo, por tanto, que preguntarme por ella. La pregunta significa, por el contrario, que necesito alejarme de la tierra que está ahí y ponerme en marcha hacia su ser que no está ahí. De aquí una de las metáforas más insistentes que designan el pensamiento como un caminar y al hombre que piensa como un caminante, *viator*[35].

---

[35]   ORTEGA Y GASSET, J. (1934). *Unas lecciones de metafísica* (2ª ed., p. 142). Alianza Editorial.

Esta tesis no contradice la expuesta más arriba, sino que ofrece otra perspectiva, perfectamente compatible con la nuestra. El pensamiento, como hacer consistente en la búsqueda del ser de una cosa, es dinámico si se pone el acento en el camino hacia el ser, pero sigue careciendo, en todo caso, del dinamismo de la razón y es, en este sentido, que podemos seguir afirmando que es una actividad estática. En todo caso, el camino del pensamiento es muy distinto del camino del razonamiento, en la medida en que el primero conlleva la búsqueda de lo escondido —el ser de la cosa— de manera lineal y en sí mismo considerado, dado que en nada más, aparte de la cosa misma, puede encontrarse el ser de la cosa, mientras el segundo es un ir y venir de axioma en axioma o verdad o verdad, sin perjuicio de que el acto final de conocimiento sea pensamiento.

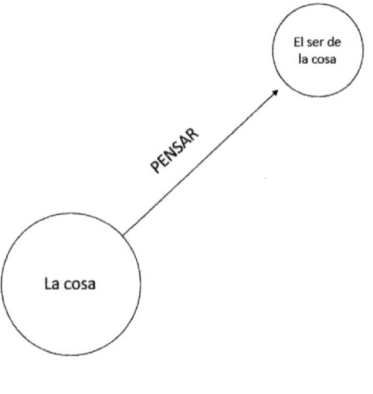

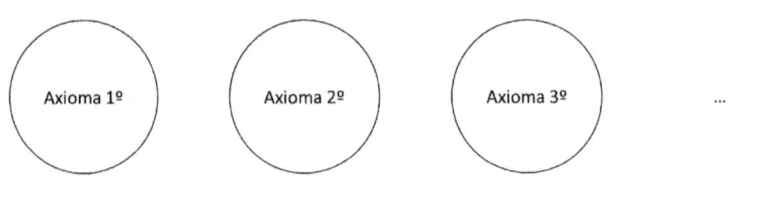

Así las cosas, se habrá ya podido apreciar que la razón y el pensamiento están íntimamente relacionados. De hecho, la razón requiere del pensamiento para la toma de conclusiones, al tiempo que tiene como acto final del proceso de conocer el pensamiento, pues es este el que conoce el ser de las cosas.

Dicho todo lo anterior, lo que llamaremos después *res cogitans* no es, a diferencia de lo que postulaba Descartes, la razón ni el pensamiento, sino la intimidad, que es el yo verdadero o, dicho de otro modo, la personalidad, que se integra por dos elementos. Por un lado, tenemos la personalidad en sentido restringido o necesario, como conjunto de rasgos antropológicos; es decir, la personalidad es a la persona como la animalidad al animal, por ejemplo; o sea, la personalidad es el conjunto de rasgos que hacen del ser humano hombre, teniendo presente que la antropología es una en todo tiempo y lugar. Por otro, tenemos el conjunto de rasgos que caracterizan a cada persona particular, haciéndola única e irrepetible y diferenciándola de las demás. Siendo esto así, la intimidad o personalidad es, verdaderamente, la personalidad en sentido amplio o accidental, que resulta de adicionar a la personalidad en sentido restringido o necesario los rasgos que caracterizan a cada persona singular. A la primera la llamamos *necesaria,* porque es común a todas las personas, y *restringida,* porque abarca menos atributos, mientras que, *a sensu contrario,* la segunda es *accidental* y *amplia.* De modo esquemático:

Personalidad en sentido amplio o accidental

Rasgos distintivos de cada persona

Personalidad en sentido estricto o necesaria

Ahora bien, se empleará la formulación cartesiana por dos razones fundamentales: (a) porque a la intimidad se llega a través del ejercicio de las facultades del pensamiento y la razón, dependiendo del caso, y (b) porque la intimidad es, como Descartes consideraba que era la razón, lo propiamente humano —sin perjuicio de que la razón también sea un rasgo exclusivamente humano—, lo que hace que el término sea útil a efectos de diferenciarlo de la *res extensa* y señalar lo que se entiende que es el rasgo antropológico básico.

2.3. LA LIBERTAD DE CONCIENCIA

2.3.1. Definición y diferencia respecto de las manifestaciones contingentes de la libertad

La libertad de conciencia es la realización o manifestación de la naturaleza libre del hombre en la intimidad. Si pensamos en una persona y tratamos de decir si es o no libre en un caso concreto, nos encontramos con que el grado de libertad varía según las circunstancias. Así las cosas, es más libre la persona de a pie que un preso y es más libre quien puede elegir sin condicionantes que quien se ve sometido a la manipulación, el engaño o la amenaza, entre otros ejemplos. Como se ve, son los hechos concretos que acontecen en la realidad —estar en prisión, haber sido manipulado, engañado o amenazado, etc.— los que hacen que podamos decir que una persona es más o menos libre que otra. En otras palabras, se trata de grados o manifestaciones de la naturaleza libre del hombre que dependen del mundo fuera de él, de la circunstancia o, como diría Descartes, de la *res extensa,* que está necesariamente sujeta a anchura, altura y profundidad, es contingente y, en este sentido, no plenamente libre.

Sin embargo, seguimos pudiendo decir en todos los ejemplos anteriormente mencionados que el hombre es libre esencialmente, pues en todos tiene libertad de conciencia.

La libertad de conciencia —concepto introducido, salvando las distancias, por Viktor Frankl en su obra *El hombre en busca de sentido*—, como ya se anotaba, es la manifestación o realización de la naturaleza libre del hombre en la intimidad y se caracteriza porque, a diferencia de las anteriormente mencionadas manifestaciones de la naturaleza libre del hombre, que respondían a los diversos grados en que decimos normalmente que una persona es más o menos libre, no depende de circunstancias o acontecimientos externos al ser humano, sino que se realiza en la intimidad, que es el auténtico y verdadero yo, la cual no está sujeta a los condicionamientos o circunstancias del mundo y, por tanto, es plenamente libre.

> La intensificación de la vida interior protegía al prisionero del vacío, la desolación y la pobreza espiritual de la vida del campo, devolviéndolo a su vida anterior. [...]
>
> [...] A medida que se intensificaba la vida interior de los algunos reclusos, apreciábamos también la belleza del arte y la naturaleza como una emoción desconocida. Bajo su influencia olvidábamos a veces las terribles condiciones de nuestro entorno[36].
>
> La experiencia de la vida en el campo de concentración demuestra que el hombre mantiene su capacidad de elección. Abundan los ejemplos, a menudo heroicos, que prueban que se pueden superar la apatía y la irritabilidad. El hombre *puede* conservar un reducto de libertad espiritual, de independencia mental, incluso en terribles estados de tensión psíquica y física. [...]
>
> [...] Cada hombre, incluso en condiciones trágicas, puede decidir quién quiere ser —espiritual y mentalmente— y conservar su dignidad humana. [...] Precisamente esa

---

[36] FRANKL, V. (1946). *El hombre en busca de sentido* (3ª ed., p. 70-71). Herder Editorial.

libertad interior, que nadie puede arrebatar, confiere a la vida intención y sentido[37].

En este sentido, hemos de entender que la intimidad, como la *res cogitans* cartesiana, no está sujeta a anchura, altura ni profundidad; es decir, no depende de nada externo al sujeto, sino que es la persona misma. A diferencia de lo que Descartes decía, la *res cogitans,* entendida como lo propiamente humano, no es la razón, sino la libertad de conciencia en su coexistencia con la intimidad, pues en esta segunda encontramos viva la unicidad de la persona, fundamento próximo de la dignidad humana. Ello sin perjuicio de que al conocimiento de la intimidad se llegue a través del pensamiento o la razón, dado que el conocimiento de la intimidad es un acto de conocimiento, donde la intimidad es el objeto de conocimiento y, consecuentemente, en el sentido en que se anotaba en el primer capítulo, radica en un acto estético o iluminación. De este modo, el conocimiento de la intimidad puede aparecer como conclusión de un razonamiento, en cuyo caso se alcanza a través del empleo de la razón, o como objeto de conocimiento directo, apareciendo como idea que resulta del ejercicio de la facultad del pensamiento.

---

[37]   FRANKL, V. (1946). *El hombre en busca de sentido* (3ª ed., p.95-96). Herder Editorial.

2.3.2. Libertad de conciencia y razón o pensamiento (racionalidad). La libertad de conciencia como facultad que se *es* y no como mera facultad que se *tiene*

2.3.2.1. La libertad de conciencia y la racionalidad

En este sentido, la libertad de conciencia no es la realización de la naturaleza libre del hombre en la razón o el pensamiento (racionalidad) —como erróneamente consideramos en pasados ensayos—, sino en la intimidad, pues la razón o el pensamiento son facultades del hombre que, como tales, pueden ser objeto de un funcionamiento más o menos perfecto. Dicho de otro modo, es más libre el que puede discernir libremente que quien está sujeto a manipulaciones o errores, al tiempo que lo que se conoce a través de la razón o el pensamiento, si es algo ajeno al sujeto o *res extensa,* está sujeto a las mismas circunstancias y condicionamientos del mundo que antes señalábamos, sin perjuicio de que pueda aprehenderse plena o clarividentemente.

Asimismo, si hablamos de la libertad como esencia antropológica —lo que estamos considerando ahora como libertad de conciencia— no podemos estar hablando de una mera facultad relativa, sino que hemos de estar hablando de algo más. Se hace preciso, por tanto, distinguir ahora los conceptos de *facultad que se tiene* y *facultad que se es.*

2.3.2.2. La diferencia entre la facultad que se tiene y la facultad que se es

Cuando hablamos de *facultad* nos referimos a una «aptitud, potencia física o moral» (DRAE) y, en ocasiones, empleamos como sinónimos *capacidad,* que se define como «cualidad de capaz» (DRAE), donde *cualidad* significa «elemento o carácter distintivo de la naturaleza de alguien o algo» (DRAE) y *capaz,* entre otras acepciones, «que puede realizar la acción que se expresa» (DRAE), o *atributo,* que significa «cada una de las cualidades o propiedades de un ser» (DRAE). En otras palabras, la palabra *facultad,* como *cualidad* o *atributo,* siempre nos remite a un ser titular, de manera que este ser es titular de algo que, diferenciándolo de los demás, realiza su naturaleza y, concretamente, la acción que expresa dicha facultad o cualidad. Hemos aquí, por tanto, la primera nota de toda facultad: la facultad sirve para la realización de la naturaleza propia del ser titular de la facultad. A continuación, estudiaremos la segunda de las notas de toda facultad: su potencialidad, para lo cual se hace preciso distinguir dos bloques de facultades.

Las facultades o cualidades, que siempre son propias del ser titular por lo que es, pueden responder a su naturaleza en distintos grados. Como punto de partida, tenemos aquellas que son intrínsecas o esenciales a su naturaleza, las cuales se caracterizan por ser, en todo momento, por exigencia de su esencia, empleadas por el ser. La razón o el pensamiento, por ejemplo, son facultades o cualidades del ser humano, de modo que, siguiendo lo que decíamos, el hombre tiene razón o pensamiento, atributos que lo distinguen del resto de seres, para conocer el ser de las cosas que lo rodean, cosa que hace constantemente, pues el ser humano es un ser racional y la racionalidad es uno de los elementos fundamentales de su naturaleza. En este sentido, desarrollaremos en detalle en el capítulo siguiente que, en la vida de cada cual, el yo siempre está rodeado de la circunstancia, de modo que, aunque existan en la realidad muchas cosas de las que no «tenga conciencia» (Ortega y Gasset) o, dicho de otro modo, en las que no piense, sino «con las que cuente» (Ortega y Gasset), lo cierto es que el yo, cuando se piensa a sí mismo, se encuentra siempre junto con la circunstancia, lo que nos lleva a afirmar que el ser humano está siempre pensando, como poco, en una cosa, sin perjuicio de que no repare en la mayoría de las que lo rodean.

El hombre al encontrarse no se encuentra en sí y por sí, aparte y solo, sino, al revés, se encuentra siempre en otra cosa, dentro de otra cosa (la cual, a su vez, se compone de muchas otras cosas). Se encuentra rodeado de lo que no es él, se encuentra en un contorno, en una circunstancia, en un paisaje. En el idioma vital de nuestra vida más vulgar solemos llamar a la circunstancia, en general, mundo. Digamos, pues, que siempre que me encuentro, me encuentro en el mundo [...][38].

Antes, cuando atendía a determinadas palabras yo no «reparaba» en mí como no «reparaba» en el banco o sillón donde me siento y, sin embargo, mi yo y el banco existían para mí, estaban en algún modo ante mí. La prueba de ello es que si alguien hubiese movido el banco yo habría notado

---

[38] ORTEGA Y GASSET, J. (1934). *Unas lecciones de metafísica* (2ª ed., p. 79). Alianza Editorial.

que algo en mi situación había cambiado, que algo no era lo mismo que en el instante anterior, lo cual supone que de algún modo me constaba ya el banco y su posición, que yo en algún modo contaba con el banco. Cuando bajamos la escalera no tenemos conciencia propiamente tal de cada escalón, pero contamos con todos ellos; y, en general, de la mayor parte de las cosas que existen para nosotros no tenemos conciencia, pero contamos con ellas[39].

Ahora bien, igual que existen facultades que por estar especialmente ligadas a la naturaleza del ser están siendo constantemente empleadas por él, existen otras facultades que, aunque también responden a su naturaleza, no son esenciales a esta, sino accidentales y, consecuentemente, están puestas a disposición del ser para que, si lo desea, haga uso de ellas para la realización de las potencias que tiene.

Sea cual sea el tipo de facultad del que hablemos, todas ellas se caracterizan por ser, como decíamos, una «potencia», lo cual no quiere decir que no sean o que no respondan a la naturaleza del ser, sino que son en potencia —este es otro modo de ser, junto con el acto, de las cosas—. Esta potencialidad estriba en que pueden no ser empleadas por el sujeto titular, bien por decisión propia —esto sucede únicamente con las facultades accidentales a la naturaleza del ser—, bien por decisión ajena —esto puede darse en ambos tipos de facultades—. La razón o el pensamiento, por ejemplo, que son en todo momento empleadas por el sujeto,

---

[39] ORTEGA Y GASSET, J. (1934). *Unas lecciones de metafísica* (2ª ed., pp. 60-61). Alianza Editorial.

pueden ser objeto de manipulación o engaño, tanto respecto del propio sujeto, como respecto de la cosa objeto de conocimiento. Así las cosas, podemos afirmar que las facultades son, en el sentido en que ahora estamos aproximándonos a la cuestión, relativas. No son relativas porque puedan o no estar en la naturaleza de su ser titular —al contrario, si son facultades que diferencian al ser, es porque forman parte de su naturaleza—, sino que son relativas en el sentido de que pueden o no, de modo potencial, ser empleadas perfectamente por el ser titular, bien por decisión propia, bien por decisión ajena. Están puestas a disposición del ser titular y, consecuentemente, el protagonismo lo ostenta siempre el ser titular y no la facultad.

Por el contrario, ninguna de las dos características de las facultades se da en la dignidad. El hombre, que es el único ser digno, no usa su dignidad para realizar algo propio a su naturaleza, sino que, sencillamente, es digno, lo cual conlleva, no obstante, muy importantes consecuencias jurídico-morales. La dignidad no se presenta como una facultad que, aunque forma parte de la naturaleza del ser humano como atributo diferenciador, es o no, de manera potencial, empleada por este para la realización de su naturaleza, sino que el hombre es digno en todo caso y la dignidad existe o realiza la naturaleza humana con independencia de que el hombre u otro sujeto decidan acerca de su uso, pues la dignidad no se usa, sino que existe.

Lo mismo sucede —después tendremos ocasión de señalar las diferencias entre ambas— con la libertad de conciencia. La libertad es, tal y como explicábamos al principio de este capítulo, un atributo o facultad humana que presenta una pluralidad de capas, las cuales pueden ser clasificadas en dos grandes bloques:

(a) por un lado, las manifestaciones contingentes de la libertad y, (b) por otro lado, la libertad de conciencia. Considerando lo que acabamos de mencionar, resultará sencillo apreciar que las manifestaciones contingentes de la libertad son facultades en sentido estricto o facultades relativas del ser humano. Concretamente, la libertad es una de esas facultades que, como la razón o el pensamiento, pertenecen al bloque de las facultades intrínsecas o necesarias de la naturaleza humana. Consecuentemente, la potencialidad de las manifestaciones contingentes de la libertad, como facultades del ser humano que son, reside en la posibilidad de que otros cercenen su ejercicio por parte del sujeto titular. Ejemplificativamente, pensemos en la libertad elección: tanto si decido elegir A, como si decido elegir B, como si decido renunciar a mi libertad de elección y conceder a otro la potestad —véase que potestad es «dominio, poder, jurisdicción o facultad que se tiene sobre algo» (DRAE)—, estaré adoptando decisiones libres. Ahora bien, siguen siendo facultades, dado que se emplean para la realización de la naturaleza del hombre; esto es, la libertad de elección se emplea para elegir libremente; la libertad religiosa, para proteger la naturaleza intrínsecamente religiosa del ser humano, etc. De hecho, podríamos incluso decir que todas estas manifestaciones contingentes de la libertad humana se resumen, de un modo u otro, en la libertad de elección: libertad de elección en abstracto, libertad de elegir si se profesa o no una religión, libertad de elegir si se manifiestan o no las propias ideas, libertad de elegir las propias convicciones, etc.

Sin embargo, lo mismo no sucede, como ya anotábamos, con la libertad de conciencia. La libertad de conciencia no se emplea, sino que, como la dignidad, existe y su mera existencia responde o realiza ya la naturaleza del hombre, sin necesidad de que se ejercite, porque, sencillamente, no se ejercita. Es importante, en este punto, distinguir la libertad de conciencia tal y como la concebimos en esta obra; esto es, como la manifestación de la naturaleza libre del hombre en la intimidad, de la libertad de conciencia, como derecho subjetivo, que hace referencia a la manifestación de la naturaleza libre del hombre en la dualidad del pensamiento y la autonomía. Lo mismo que predicábamos de la dignidad lo decimos ahora de la libertad de conciencia, lo que nos lleva a afirmar que la ninguna de ellas es una facultad, sino que son realidades que responden o realizan la naturaleza humana; mas no por su uso, sino por su mera existencia. No son, en este sentido, la naturaleza humana, sino que la integran; pero no la integran como meras facultades, tal y como hemos descrito este concepto, sino que la integran como realidades que existen en ella de modo absoluto y que, consecuentemente, la realizan con su mera existencia, sin que quepa que el hombre haga o no uso perfecto de ellas, porque, sencillamente, no se usan. En el caso de la dignidad y la libertad de conciencia, el foco no está en el sujeto titular, que puede o no usarlas, sino en ellas mismas, que, por sí mismas, realizan su naturaleza, lo que provoca un viaje de ida y vuelta al sujeto, por ser el titular de la naturaleza que se realiza. En otras palabras, la facultad se eleva ahora en el protagonismo, que comparte a partes iguales con el sujeto, pues ella realiza por sí sola y sin ser utilizada la naturaleza del hombre; pero esa naturaleza que se realiza no deja de tener un titular, que sigue siendo protagonista.

En definitiva, se trata, por tanto, de algo más que facultades o atributos del ser humano, si seguimos la definición que hemos trabajado en las líneas anteriores. Integran la naturaleza humana y, en este sentido, son consideradas atributos; pero, si rascamos a fondo, nos damos cuenta de que no son facultades en sentido estricto, lo que tiene una fundamental implicación: no son potenciales ni relativas, sino absolutas. Podríamos decir, en todo caso, que una facultad en sentido estricto se *tiene,* mientras que estas son facultades que se *son,* donde el foco no está en el sujeto titular, sino en ellas en coexistencia con el sujeto, porque realizan su naturaleza por el mero hecho de ser en su naturaleza. De ahí que lo correcto sea decir que la persona *es* digna o *es* libre —en el sentido de libre en conciencia, poniendo el foco tanto en la persona, como sujeto, como en la dignidad o en la libertad de conciencia, como atributos (CV)—; pero que *tiene* razón o pensamiento o, en otras palabras, que *es* un ser racional o pensante —poniendo aquí el foco en el *ser o sujeto que tiene*—, sin perjuicio de que también se diga que la persona *tiene* dignidad o libertad, lo que se explica por el hecho de que, aunque no sean facultades en sentido estricto, tal y como hemos visto que es una facultad, forman parte de la naturaleza humana y, al ser una parte de un todo mayor, resulta que, con cierta imprecisión, a todo lo que es parte del todo «naturaleza del ser» lo llamamos *facultad, cualidad* o *atributo.* De hecho, si nos paramos a pensar en el lenguaje con mayor precisión, nos encontramos con que, si bien existe un verbo para designar, por ejemplo, la acción propia del ejercicio de la razón, el pensamiento o la libertad de elección —recuérdese que hemos dicho que la libertad de elección podía, de modo aproximativo, englobar todas las manifestaciones contingentes de la libertad—, no existe un verbo para designar el uso de la dignidad o la libertad de conciencia. Así las cosas, hablamos de *razonar, pensar* o *elegir libremente* una opción A, profesar una religión, manifestar ciertas ideas, etc.; pero respecto de la dignidad o libertad de conciencia, únicamente podemos decir que el hombre *es* digno o *es* libre, o, de modo impreciso y fruto de las limitaciones del lenguaje que ya anotábamos, que *tiene* dignidad o libertad.

Así las cosas, la libertad de conciencia nada tiene que ver con el conocimiento o no de la verdad, en el sentido de que también la persona que está en error tiene libertad de conciencia, si bien no es, conforme a las manifestaciones contingentes de la libertad humana, tan libre como lo es la persona que conoce la verdad. En ambas situaciones, no es suprimible la individualidad o intimidad del ser humano, que no depende, de ningún modo, de consideraciones externas.

2.3.3. Libertad de conciencia e intimidad

No se confunda tampoco la libertad de conciencia con la intimidad, pues la libertad de conciencia no es esta, sino que se realiza en ella. Es por esto, de hecho, que hemos dicho que la libertad de conciencia es una facultad que se *es* y no una facultad que se *tiene*. Así, en la intimidad hay libertad plena y es a esta libertad que existe en la intimidad a lo que llamamos *libertad de conciencia*. En la intimidad hay plena libertad, porque su aprehensión es la conexión de uno consigo mismo y, como tal, carece de límites o barreras, ya que no está sujeta a condicionamientos externos. Además, se descubre entonces, como tendremos ocasión de explicar, el Bien de la vida y a Dios, y la vida es infinita para cada sujeto titular y Dios es la sustancia metafísica puramente actual.

Así, llamamos a la libertad que se realiza o existe en la intimidad *libertad de conciencia,* porque la aprehensión de la intimidad conlleva la realización de la propia conciencia o el conocimiento o toma de conciencia de la propia existencia.

Finalmente, no se confunda la libertad de conciencia, como facultad que se *es,* con el yo, dado que la libertad de conciencia no es el yo, sino que integra la naturaleza del yo, pero no se limita a ser una facultad que el yo *tiene,* sino una facultad que el yo *es.*

2.3.4. La libertad de conciencia como atributo antropológico básico

Dicho lo anterior, la libertad de conciencia es atributo o elemento antropológico básico en el sentido de que se realiza o existe en la intimidad, que es la verdadera persona[40], y no es una mera facultad que *tiene* el hombre, sino una facultad que *es.* Es, por tanto, más que una mera facultad o atributo, pues es una facultad que se *es* y, consecuentemente, es absoluta; pero también es una nota del ser humano, porque integra su naturaleza y, como tal, la última o radical, dado que es la única que se da de modo necesario o connatural en la intimidad, verdadero radical antropológico, pues en ella se manifiesta, como único elemento heterogéneo de la naturaleza humana, la unicidad de la persona. Dicho de otro modo, si bien podemos encontrar en la intimidad

---

[40] No se quiera sacar de quicio esta afirmación y decir que la intimidad no es todo el yo. Como es evidente, la persona no es solo su intimidad, sino que, como poco, es también su cuerpo, pues las cosas, ya lo decía Aristóteles, son hilemórficas. Ahora bien, decimos en esta obra que la intimidad es el verdadero yo, no en el sentido ser todo el yo, sino de ser su parte más fundamental o aquella por la que el yo es tenido por yo y no por otro.

otras notas del ser humano, resulta que la libertad de conciencia es la única que se realiza en ella, mientras que el resto se reconocen fruto de los rasgos propios de la intimidad. Así las cosas, si la intimidad es el verdadero yo, la facultad que se realiza en ella debe ser, como atributo que es, si bien no se agota en ser una mera cualidad, dado que hemos dicho que se trata de una facultad que se *es,* la esencia antropológica.

En todo caso, veremos que no solo la intimidad y la libertad de conciencia están íntimamente relacionadas, sino que la dignidad humana, medida del Derecho, también lo está con ellas, ya que esta última únicamente puede conocerse en la aprehensión de la intimidad, donde la libertad de conciencia se realiza. De aquí que la dignidad, a la que hemos también calificado como facultad que se *es,* sea uno de los rasgos antropológicos fundamentales. Por coexistir en la intimidad, junto con la libertad de conciencia, está íntimamente relacionada con estas dos. Ahora bien, el modo en que existe en la intimidad es distinto al modo en que está en ella la libertad de conciencia. Así, mientras la dignidad la encontramos en la intimidad, como se tendrá ocasión de explicar, la libertad de conciencia se realiza en la intimidad, de modo que, cuando el hombre aprehende su intimidad o, en otras palabras, toma conciencia de sí mismo, sin perjuicio de que también conoce entonces la dignidad, lo hace en una experiencia de absoluta libertad. La dignidad se desvela en la intimidad, porque en la intimidad se manifiesta la unicidad de la persona, nota que hace que digamos que la intimidad es la verdadera persona, y esta es su fundamento próximo; mas la libertad de conciencia es la única que se realiza, colmándola hasta rebosar, en la intimidad. En palabras de Pedro Serna, «el principio de dignidad comporta el respeto al fin en sí mismo, pero nada más. En qué deba consistir ese respeto tiene que ver con la naturaleza, con el modo de ser propio del fin en sí mismo, y ahí nada puede aportarnos el principio de dignidad, salvo la obligatoriedad de ese respeto hacia el ser dotado de cierta naturaleza»[41]. Dicho de otro modo, la dignidad es también una facultad que se *es* y por remontarnos a un trato del hombre como fin en sí mismo y a la relación a la que está llamado con Dios, que es su fundamento primero o último, es una facultad fundamental; pero dice menos del hombre que la libertad de conciencia y, ontológicamente, ocupa un papel segundo, dado que la libertad de conciencia se realiza en la intimidad y la dignidad se encuentra en ella, como consecuencia de las notas que hacen de la intimidad el verdadero yo; esto es, como consecuencia de una naturaleza.

En síntesis, la dignidad se desvela, como algo que está, en la intimidad, pero la libertad de conciencia se realiza, existe o manifiesta en la intimidad, de modo que no se encuentra en la intimidad, sino que la aprehensión de esta es una experiencia que la libertad de conciencia colma o, dicho de otro modo, donde la libertad de conciencia está, como un flujo constantemente presente. Esto no obsta, en todo caso, para que digamos que el que aprehende su intimidad se sabe libre o desvela la libertad de conciencia, pues la encuentra, dado que ahí está, pero no la desvela como desvela la dignidad, sino que la descubre por colmar la experiencia de encontrarse consigo mismo. Esto explica que las tres estén relacionadas —la libertad de conciencia se realiza

---

[41]   ERNA, P., (1998). «El derecho a la vida en el horizonte cultural europeo de fin de siglo». En C. I. MASSINI y P. SERNA (Eds.), *El derecho a la vida* (pp. 42-43). EUNSA.

en la intimidad, la intimidad es la verdadera persona, porque en ella se da heterogéneamente la unicidad de la persona, y es la unicidad de la persona el fundamento próximo de la dignidad—; pero que la libertad de conciencia sea la esencia antropológica y, como decíamos, ya no en abstracto o autónomamente, pues no puede existir si no es en coexistencia con la intimidad.

En definitiva, cuando hablamos de la libertad del ser humano en sentido estricto, como elemento antropológico básico, estamos hablando de la libertad de conciencia, dado que el resto de manifestaciones de la libertad u otros modos de decir la libertad humana son susceptibles de graduación o perversión, sin perjuicio de que ello aliene al hombre, dado que no puede ser elemento antropológico básico lo que puede tanto darse como no, perfectamente o en su perfección de ser, en el ser humano, dependiendo de las circunstancias; esto es, lo necesariamente dependiente de la *res extensa* o mundo fuera del sujeto.

¿Y a qué responde exactamente la libertad de conciencia?, puede que se pregunte el lector. Ya nos lo decía, de algún modo, Viktor Frankl y nos lo dirá también, cuando hablemos del quehacer fundamental de la vida, Ortega y Gasset; pero, como las perspectivas son diferentes, maticémoslo. La libertad de conciencia, como manifestación de la naturaleza libre del hombre que es, participa de la libre elección, pero no se agota en ello; es decir, no se refiere únicamente a ser libre de elegir algo —en este caso, lo que vamos a ser—, sino que abarca una realidad más poderosa y recubre una experiencia todavía más grandiosa. Recordemos, además, que no es una facultad que se *tiene,* sino una facultad que se *es.* Es, así, la nota fundamental de la absoluta y necesariamente libre relación del sujeto consigo mismo; o sea, el poder último que el hombre tiene sobre sí. El que conecta consigo y aprehende su intimidad se sabe libre, poderoso y grandioso en la existencia. En otras palabras, la libertad de conciencia es, para uno consigo mismo y su conciencia de ser, como lo es el cauce de un río para el agua que corre sobre él.

3. EL SENTIDO DE LA VIDA, SU BIEN

Y SU VALOR

3.1. LA DEFINICIÓN DE *SENTIDO* Y LO QUE IMPLICA

Antes de plantearnos si la vida tiene sentido, pues es este el tema fundamental de este tercer capítulo, debemos comprender qué es el sentido de algo y qué implica que determinada realidad o acaecimiento tenga un sentido.

El Diccionario de la Real Academia de la Lengua Española (DRAE) recoge numerosas acepciones para la palabra *sentido,* pero tan solo la octava encaja para la denotación que buscamos: «razón de ser, finalidad o justificación de algo» (DRAE). Así, lo primero que hemos de hacer es tratar de desglosar esta definición.

Por un lado, la razón de un determinado hecho responde a la pregunta de por qué y es su «motivo o causa». Ahora bien, en el momento en que algo tiene una causa, se convierte en el efecto de esta y se concatena a ella en un tiempo posterior; esto es, primero sucede la causa y seguido, el efecto.

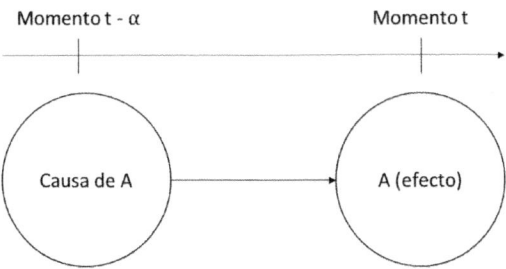

Por otro lado, la finalidad de cierta representación responde a su fin o *telos;* o sea, a la pregunta de para qué. Según la doctrina aristotélica, es una de las respuestas a la pregunta de por qué y es «aquello para lo cual es algo» o, en otras palabras, su causa:

> «Pues ¿por qué paseamos? A lo que respondemos: para estar sanos, y al decir esto creemos haber indicado la causa»[42].

Sin embargo, el fin de algo no parece solamente encontrarse temporalmente antes de la cosa cuyo fin es, sino que existe en acto; es decir, se realiza temporalmente únicamente después de las actualizaciones que aquí y ahora presenta dicho objeto, aunque exista, para ser posible el cambio, con anterioridad potencialmente. En otras palabras, si pensamos en el ejemplo de Aristóteles, podemos observar que, antes de salir a pasear, existe en nuestra conciencia la idea de estar sanos, pero esta solo se realiza actualmente tras haber paseado con regularidad. En esta línea, el DRAE recoge ambas acepciones: «término, remate o consumación de algo» (DRAE) —el fin como acto temporalmente posterior— y «objeto o motivo con que se ejecuta algo» (DRAE) —el fin como causa; o sea, como realidad temporalmente anterior—. Cuando decimos, por ejemplo, que el árbol es la causa final de la semilla, parece que, en cierto sentido, el árbol *atrae* a la semilla hacia sí desde su no-existencia; pero nada que no existe puede tener un efecto sobre otra cosa. A diferencia del caso anterior, no hay conciencia en la que exista la idea de árbol; sí existía, por el contrario, la idea de estar sanos en la nuestra. Dicho esto, pode-

---

[42]   Aristóteles. *Física* (libro II, cap. III).

mos entender que, mientras para los fines de las obras humanas la causa final se halla en potencia en la conciencia, para los fines de las cosas naturales la causa final se halla potencialmente en ellas, siendo su actualización la realización de la naturaleza de dicho elemento. Vemos, en definitiva, que el fin de una cosa presenta una doble posición temporal.

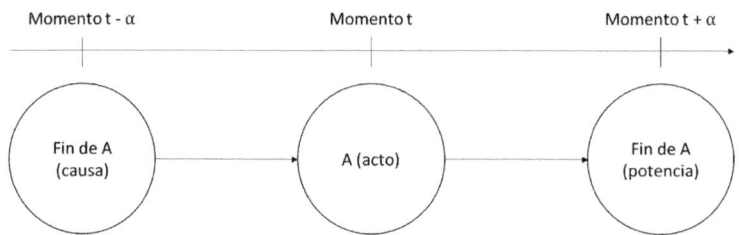

Todas estas cuestiones metafísicas nos plantean dos preguntas: ¿qué puede haber temporalmente antes de la vida para que sea su razón y, del mismo modo, su causa? y ¿de qué manera podemos conciliar la doble posición temporal de la finalidad en el plano vital?

3.2. La vida

3.2.1. Planteamiento

Tan solo podremos tratar de encontrar una respuesta a las preguntas anteriores si antes definimos qué es la vida y en qué plano o espectro la tendremos en cuenta en este capítulo. Distinguiremos, por tanto, dos planos vitales: por un lado, el de la vida entendida desde el punto de vista biológico; por otro lado, el de la vida planteada desde un prisma metafísico.

3.2.2. La vida como hecho biológico

Desde el punto de vista biológico, entendemos por *vida* la cualidad del ser vivo, dado que ser un ser vivo implica ser un ser «que tiene vida» (DRAE) y tener algo involucra «asirlo» o «poseerlo» (DRAE). Del mismo modo, una cualidad es un «elemento o carácter distintivo de la naturaleza de alguien o algo» (DRAE) y, dado que poseer es «[...] tener algo en su interior o formando parte de ellas» (DRAE), podemos deducir que la vida es la cualidad del ser vivo.

No obstante, no queda bien constituida la definición si únicamente definimos el núcleo del sintagma («cualidad»), ya que el complemento del nombre («del ser vivo») especifica el poseedor de dicha cualidad y, para que la vida pueda ser una cualidad que se posee, se requiere necesariamente un poseedor, que hemos también de definir. Así las cosas, la ciencia entiende que el ser vivo es aquel que presenta las siguientes propiedades cumulativamente: (a) estar formado por una o más células (organización), (b) poseer metabolismo, (c) practicar la homeostasis, (d) experimentar un crecimiento regulado, (e) reproducirse, (f) responder ante los estímulos del entorno (irritabilidad) y (g) evolucionar y adaptarse. El resto de seres, que no presentan todas estas características, aunque sí puede que algunas de ellas en distintos grados, son seres inertes.

3.2.3. La vida en el plano metafísico: la vida como la *totalidad de la realidad* o el espectro en el que todo aquello que es se manifiesta para su posible falsabilidad metafísica

Pese a lo dicho anteriormente, el término *vida* no es unívoco y, en ocasiones, cuando hablamos de la vida, no nos referimos a ella como una cualidad de otra cosa, sino como la «duración de una cosa»; es decir, concedemos a la vida una noción temporal. En todo caso, tampoco es esa la definición que se tratará en este epígrafe y que será objeto de defensa a lo largo de este capítulo, sino que hemos de entender ahora la vida como la *totalidad de la realidad*. Esta es una idea introducida, por primera vez en la historia del pensamiento, por el filósofo Ortega y Gasset:

> Yo no sé si eso que llamo mi vida es importante, pero sí parece que, importante o no, está ahí antes que todo lo demás, incluso antes que Dios porque todo lo demás, incluso Dios, tiene que darse y ser para mí dentro de mi vida[43].
>
> [...] Esa realidad tan poco importante y trivial, la vida, nuestra vida, en el sentido más vulgar que suele tener esta expresión, posee sin duda la formidable condición de que todas las demás realidades, sean las que sean, van incluidas en ella, pues todas ellas existen para nosotros en la medida en que las vivimos, esto es, en que aparecen dentro de nuestra vida[44].

---

[43] ORTEGA Y GASSET, J. (1934). *Unas lecciones de metafísica* (2ª ed., p. 41). Alianza Editorial.

[44] ORTEGA Y GASSET, J. (1934). *Unas lecciones de metafísica* (2ª ed., p. 69). Alianza Editorial.

Pero esto —una realidad que consiste en que un yo vea un mundo, lo piense, lo toque, lo ame o deteste, le entusiasme o le acongoje, lo transforme y aguante y sufra— es lo que desde siempre se llama «vivir», «mi vida», «nuestra vida», la de cada cual. Retorceremos, pues, el pescuezo a los venerables y consagrados vocablos existir, coexistir y ser, para, en vez de ellos, decir: lo primario que hay en el Universo es «mi vivir» y todo lo demás lo hay, o no lo hay, en mi vida, dentro de ella. Ahora no resulta inconveniente decir que las cosas, que el Universo, que Dios mismo son contenidos de mi vida —porque «mi vida» no soy yo solo, yo sujeto, sino que vivir es también mundo[45].

Mi vida es cuanto hay, cuanto encuentro en ella, y mi pregunta respecto a ese «cuanto hay» es esta: ¿cómo debo atenerme intelectualmente ante cuanto hay?; esto es, ¿qué debo pensar, por lo pronto, de cuanto hay? Lo que debo pensar de algo, el pensamiento acertado, o el acertado comportamiento intelectual mío ante algo es el ser de ese algo. Por eso mi primera pregunta, la que me lleva a una orientación radical es esta: ¿Qué *es* lo que hay? No *¿qué hay?* Esto lo tengo ya, porque vivir es estar en las cosas, habérselas con ellas y, por tanto, haber estas ante mí: las tengo desde luego, las hay desde luego y, por eso, estoy perdido entre ellas. Lo que se pregunta no es, pues, lo que hay, sino qué es lo que hay, cuál es el ser de lo que hay[46].

---

[45] ORTEGA Y GASSET, J. (1929). *¿Qué es filosofía?* (8ª ed., p. 180). Alianza Editorial.
[46] ORTEGA Y GASSET, J. (1934). *Unas lecciones de metafísica* (2ª ed., pp. 178-179). Alianza Editorial.

Esta filosófica y metafísica idea de la vida nos lleva necesariamente a rehusar de la definición biológica expuesta, pues la vida deja de ser una cualidad que poseen los seres vivos y pasa a entenderse como realidad o certidumbre radical, como afirmaba Ortega y Gasset.

¿Qué es nuestra vida, mi vida? Sería inocente y una incongruencia responder a esta pregunta con definiciones de la biología y hablar de células, de funciones somáticas, de digestión, de sistema nervioso, etc. Todas estas cosas son realidades hipotéticas construidas con buen fundamento, pero construidas por la ciencia biológica, la cual es una actividad de mi vida cuando la estudio o me dedico a sus investigaciones. [...] Cuanto se me diga, pues, sobre mi organismo corporal y cuanto se me añada sobre mi organismo psíquico mediante la psicología se refiere ya a particularidades secundarias que suponen el hecho de que yo viva y al vivir encuentre, vea, analice, investigue las cosas-cuerpos y las cosas-almas[47].

Pero esto nos obliga a buscar un concepto más adecuado y un nombre para esa realidad radical y absoluta que es lo inmediato. Hemos dicho que este consiste siempre en la coexistencia de un yo con lo que no es él, con las cosas; inseparables estas de mí y yo de ellas. Existo yo, pero no aparte y en mí, sino que mi existir consiste ahora en existir conmigo esta habitación. Este ser yo junto con ella y con cuanto en ella hay patente es lo que verdaderamente hay. Yo no pienso esta

---

[47] ORTEGA Y GASSET, J. (1929). *¿Qué es filosofía?* (8ª ed., p. 182-183). Alianza Editorial.

habitación: mi verla ahora ante mí no es para mí un pensarla, sino es un absoluto encontrarme con ella y en ella, un inexorable tener que contar con ella. Pues bien, esa realidad absoluta en que un yo tiene que contar con lo que [él] no es, y, por tanto, su existir es desde luego y absolutamente un existir en lo otro, fuera de sí: ¿qué es sino vivir? *(Fuera* es el mundo)[48].

Podemos entender, por tanto, que la vida es absolutamente todo; esto es, *lo que todo tiene y es,* dado que no existe nada fuera de la vida particular de cada uno, pues es en esta donde se toma conciencia de la propia existencia y existen, conociéndose, el resto de realidades que acontecen o, en palabras de Ortega y Gasset, en la vida existen el yo y la circunstancia. Si es únicamente en vida cuando existe la conciencia, difícil es concebir nada fuera de esta, ni anterior ni posterior a ella, ya que todo lo que existe o pueda existir debe hacerlo en la vida. La vida es, en definitiva, la *totalidad de la realidad* para el que la vive y, dado que la epistemología comienza en el hombre, será el *espacio-tiempo en el que se realice todo lo que exista;* es decir, todo lo que la razón pueda conocer.

3.2.3.1. La conciencia de la propia existencia como núcleo del quehacer fundamental de la vida y, en última instancia, del pensamiento

Como recién hemos afirmado y más adelante tendremos ocasión de exponer más detalladamente, la vida es la *totalidad de la realidad,* porque nada puede concebirse fuera de ella y, con—

---

[48]   ORTEGA Y GASSET, J. (1934). *Unas lecciones de metafísica* (2ª ed., pp. 223-224). Alianza Editorial.

cretamente, porque es en vida donde se toma conciencia de la propia existencia. Así, este epígrafe tiene por objeto explicar el sentido de dicha afirmación y, concretamente, por qué la toma de conciencia de la propia existencia, que acontece en la aprehensión de la propia intimidad, es el núcleo de la noción y conocimiento de la vida como *totalidad de la realidad*.

A lo largo del presente capítulo, ha de entenderse el término *pensamiento* como la capacidad general de conocer del ser humano, sin que sea relevante el grado de racionalidad o exactitud del acto de conocimiento. Más concretamente, cuando hablemos de *pensamiento* o de que el pensamiento conoce determinada cosa o realidad, hemos de entenderlo en el sentido de tener conciencia de dicha realidad o, como decía Ortega y Gasset, de «reparar» en la cosa.

Por tanto —y esto es decisivo para cuanto digamos en este curso—, hay dos formas de darse cuenta de algo, o lo que es igual, de existir algo para mí: una en que me doy cuenta de ese algo por separado, en que, digámoslo así, lo tomo ante mí de hombre a hombre, lo hago término preciso y acotado de mi darme cuenta; y otra forma en que el algo existe para mí sin que yo «repare» en él.

Antes, cuando atendía a determinadas palabras yo no «reparaba» en mí como no «reparaba» en el banco o sillón donde me siento y, sin embargo, mi yo y el banco existían para mí, estaban en algún modo ante mí. La prueba de ello es que si alguien hubiese movido el banco yo habría notado que algo en mi situación había cambiado, que algo no era lo mismo que en el instante anterior. Lo cual supone que de algún modo me constaba ya el banco y su posición, que yo en algún modo contaba con el banco. Cuando bajamos la escalera no tenemos conciencia propiamente tal de cada escalón, pero contamos con todos ellos; y en general, de la mayor parte de las cosas que existen para nosotros no tenemos conciencia, pero contamos con ellas[49].

Asimismo, para poder comprender lo que sigue, es importante apreciar que existe lo que el pensamiento puede conocer y no lo que conoce, dado que también existen cosas que el pensamiento, en un determinado momento, no conoce o que conoce; pero no en el sentido de tener conciencia de ellas, sino, como diría Ortega y Gasset, de «contar con ellas», sin perjuicio de que el pensamiento, en sentido estricto, sea «reparar». De hecho, señala el propio Ortega y Gasset que lo primero que se hace con las cosas no es pensar en ellas; esto es, tener conciencia de ellas, sino cualquier otro hacer que conlleve el entrar en una relación ellas.

> Estar yo en esta habitación —fíjense ustedes— no es estar yo pensando en o sobre esta habitación. [...].
> Son, pues, innumerables las cosas que nosotros podemos hacer —en esta habitación— con esta habitación, o mejor expresado, son innumerables nuestros posibles haceres con ella, respecto a ella, en ella o sobre ella. Uno de estos haceres, ni más ni menos que uno de tantos, consiste en ponernos a pensar en ella o sobre ella. Ahora bien, lo peregrino de este

---

[49] ORTEGA Y GASSET, J. (1934). *Unas lecciones de metafísica* (2ª ed., pp. 60-61). Alianza Editorial.

hacer que llamamos «pensar en algo» estriba en que no puede ser, nunca, nuestro hacer primario o primitivo con ese algo. Quiero decir que nunca puede ser lo primero que hacemos con algo, pensar en ello, sino que para poder yo ejercitar este peculiar hacer es preciso, evidentemente, que ese algo haya estado en una relación previa conmigo que no sea meramente pensarlo, pensar en ello. […].

Resumiendo: pensar en algo es un hacer nuestro que supone siempre otros haceres nuestros con ese algo, los cuales no son pensamiento y sólo implican el simple «contar con», esa extraña presencia que ante mí tiene todo lo que forma parte de mi vida. Pero esta presencia ante mí de todo aquello con que al vivir cuento, no es un estar ante mí en la forma especialísima en que un objeto de conciencia está ante el sujeto consciente, en que lo pensado está ante el que piensa[50].

La clave de la existencia, por tanto, está en la posibilidad de ser conocido, pues ahí reside la esencia de la falsabilidad metafísica.

Ahora bien, el pensamiento o capacidad de conocer no es tampoco el pilar último de la existencia, como núcleo de la vida como *totalidad de la realidad,* sino que exige la existencia previa de un sujeto cognoscente y esta se funda, a su vez, en la conciencia de sí mismo o conciencia de ser del sujeto, lo cual está, tal y como será objeto de análisis, directamente relacionado con la aprehensión de la intimidad. En otras palabras, la *totalidad de la*

---

[50]   ORTEGA Y GASSET, J. (1934). *Unas lecciones de metafísica* (2ª ed., pp. 105-106, 109). Alianza Editorial.

realidad es la vida, que contiene al yo o sujeto cognoscente y al mundo, circunstancia o resto de realidades que acontecen en la vida de cada cual; pero, como veremos, todo ello cobra sentido y es considerado de este modo en la medida en que el pensamiento conoce. Lo que puede ser conocido por el pensamiento es, en este sentido, todo lo que constituye e integra la vida; o sea, la *totalidad de la realidad;* es decir, el yo —cuando tiene conciencia de la propia existencia— y el mundo o circunstancia —cuando repara en lo ajeno al sujeto—.

Teniendo esto presente, debe anotarse, como punto de partida, que el sujeto tiene conciencia, primeramente, del mundo y que, posteriormente, es cuando repara en sí mismo.

Si me he encontrado en la habitación o, hablando en general, en el mundo, mi percatación ha tenido primero que topar con la habitación, con el mundo, y sólo después me he topado conmigo. Primero se encuentra la prisión y luego, dentro de ella, el prisionero. No formalicemos mucho este «primero» y este «luego», pero quede aquí hecha esta advertencia. Al vivir, yo estoy siempre ocupándome con las cosas —materias o personas— que me rodean, estoy atento a la circunstancia, y para encontrarme tengo que suspender esa normal atención al contorno y buscarme en él, pescarme entre las cosas desatendiendo estas y reparando en mí. Es muy importante esta advertencia de que la conciencia de mí mismo es, esencialmente y no accidentalmente, posterior a mi conciencia del mundo, o lo que es igual, que sólo reparo en mí cuando me desatiendo del mundo. […] Nuestra vida, por sí, consiste en estar nosotros consignados al mundo y que la vida es inseparablemente y al mismo tiempo, sin que lo uno sea antes y lo otro después, contar conmigo y contar con el mundo. Sólo cuando se trata de la conciencia, del reparar, es cuando lo uno es antes y lo otro después[51].

Ahora bien, sin perjuicio de que esto sea cierto, señala el mismo Ortega y Gasset que, cuando no tenemos conciencia de las cosas, sino que las conocemos en el sentido de que «contamos con ellas», no tienen un ser, sino que se describen por lo que son para el yo; pero no por lo que son en sí mismas o por su ser, que existe solo cuando se tienen conciencia de ellas o el pensamiento las conoce en sentido estricto.

[...] Si esta luz que está ahí es algo distinto de su ser quiere decirse que las cosas no tienen «ser», mientras no me pregunto yo por él y hago funcionar mi pensamiento. Pero como pensar en ellas —según sabemos— es solo una de las innumerables cosas que puedo hacer con ellas, resultará que en todo el resto de mi hacer, en todo el resto de mi relación vital con las cosas estas no tienen ser. [...].

Si ahora resumimos contestando perentoriamente, rigorosamente a nuestra pregunta: ¿Qué es esta luz cuando yo no pienso en ella? Pues es lo que me alumbra y me permite leer, lo que enciendo y apago, lo que cuesta tanto y cuanto a la Facultad. Pero ¿y qué más es? Pues... nada más; es decir, pues

---

[51] ORTEGA Y GASSET, J. (1934). *Unas lecciones de metafísica* (2ª ed., pp. 80-81). Alianza Editorial.

nada... además. Por tanto, es todo aquello y, además, nada. O dicho en otra forma: ser todo aquello es ser nada[52].

En rigor, la mesa primaria no es ni lo uno ni lo otro, ni nada. No tiene ser por sí: está ahí facilitando o dificultando mi vida como elemento de ella, me sirve o me desirve, me favorece o me perturba.

Pero cabía decir que eso, favorecerme, es el ser de esta mesa. Sin embargo, ¿y si huyo porque hay fuego? La mesa me estorba. Y aun ese mismo ser —ser facilidad, ser dificultad— no lo es ella, sino que depende de lo que yo tenga que hacer: escribir o huir.

Por tanto, la circunstancia, por lo pronto y como tal, no tiene ser; ese mínimo que parecería tener no es de ella, sino de mí. Depende lo que la circunstancia sea de quien sea yo: el que tiene que escribir o el que tiene que correr[53].

Continuando con esta línea argumental, el autor anota que lo que sea la cosa, cuando reparo en ella o la pienso, depende de lo que sea yo, al tiempo que el ser del yo depende del ser de la cosa, lo que le lleva a afirmar que vivir es un constante hacerse.

Esto transfiere a mí el problema del ser de las cosas. Para responder a ¿qué son las cosas? tengo que preguntarme ¿qué soy yo?

[52] ORTEGA Y GASSET, J. (1934). *Unas lecciones de metafísica* (2ª ed., pp. 114, 116-117). Alianza Editorial.
[53] ORTEGA Y GASSET, J. (1934). *Unas lecciones de metafísica* (2ª ed., p. 163). Alianza Editorial.

Pero yo soy el que tiene que habérselas con la circuns-tancia, el que tiene que ser en ella. Lo que yo puedo y debo ser depende, pues, a su vez, de ella.

El hombre y su circunstancia pelotean el problema del ser —se lo devuelven uno al otro—, lo que indica que el problema del ser es el de lo uno y lo otro, el del hombre y su circunstancia; el de Todo.

El hecho radical e irremediable es que el hombre vivien-do se encuentra con que ni las cosas ni él tienen ser; con que no tiene más remedio que hacer algo para vivir, que decidir su hacer en cada instante, o lo que es igual, que decidir su ser, y esto incluye, como hemos visto, el ser de las cosas[54].

Para Ortega y Gasset, la vida es quehacer y, por tanto, un constante hacerse o realidad radical que se hace a futuro, sin perjuicio de que sea un instante; o sea, histórica.

Y lo más grave de esos quehaceres en que la vida consiste no estriba en que haya que hacerlos, sino en que antes de hacer algo tengo que decidir yo mismo lo que voy a hacer; por tanto, lo que voy a ser. Al llegar a este punto les hacía notar a ustedes la superlativa paradoja que esto encierra. Porque según ello, resulta que el ser del hombre, a diferencia de todas las demás cosas del universo, consiste no en lo que ya es sino en lo que va a ser, por tanto, en lo que aún no es.

---

[54] ORTEGA Y GASSET, J. (1934). *Unas lecciones de metafísica* (2ª ed., p. 163). Alianza Editorial.

El hombre comienza por ser su futuro, su porvenir. La vida es una operación que se hace hacia adelante.

¿Cómo se compagina esto con lo enunciado por mí cuando decía que la vida es siempre un presente, un ahora?

Consiste, repito una vez más, en lo que hacemos, en nuestras ocupaciones. Tenemos que estar siempre ocupados con algo y ya vimos que inclusive el no hacer nada, el esperar, es hacer tiempo, lo cual es una ocupación, a veces angustiosa. Pero estas ocupaciones a que dedicamos nuestra vida no nos vienen impuestas. Tenemos que resolver nosotros ahora en qué nos vamos a ocupar luego, dentro de un instante. Es decir, que ahora nos ocupamos en decidir nuestra futura ocupación[55].

Así las cosas, siguiendo a Ortega y Gasset, nos encontramos con que, sin perjuicio de que lo primero de lo que tiene conciencia el hombre es del mundo —de él tiene conciencia solo con carácter posterior y esencialmente; o sea, cuando «repara»— y de que el ser del yo dependa del ser de las cosas, lo cierto es que, siendo el quehacer fundamental de la vida decidir en cada momento qué vamos a ser, el ser del sujeto cobra un papel primero y nuclear en la *totalidad de la realidad*. Esta decisión por lo que vamos a ser requiere, como anota el mismo Ortega y Gasset, plantearse el porqué de lo que se hace en cada momento, lo cual constituye, en ese instante, nuestra vida.

---

[55] ORTEGA Y GASSET, J. (1934). *Unas lecciones de metafísica* (2ª ed., pp. 122-123). Alianza Editorial.

> [...] Si la vida es siempre lo que estamos haciendo, es muy
> importante analizar por qué estamos haciendo precisamente
> una cosa y no otra. Es lo característico del hacer —que todo
> lo que se hace se hace por algo, que la vida, en consecuencia,
> vive siempre de un porqué [...]—[56].

Esto no quiere decir, como después tendrá ocasión de
explicarse, que la vida en sí misma tenga un sentido, sino que
únicamente pone de manifiesto que todo lo que hacemos lo
hacemos por algo. Así, para poder encontrar por qué hacemos
lo que hacemos en cada momento; es decir, por qué hemos
decidido ser lo que en cada momento constituye nuestra vida,
es preciso tomar conciencia previa de uno mismo o, lo que es
lo mismo, aprender la intimidad, que constituye el verdadero yo.
Esto implica, como luego desarrollaremos, tener conciencia de
la propia existencia y, con ello, aprehender el Bien de la vida. De
lo contrario, sencillamente, decidir en cada momento lo que se
quiere ser sería como dar palos de ciego; esto es, decidir o pro-
yectar a futuro sin punto de partida ni rumbo. De hecho, algo
parecido anotaba, aunque sutilmente, el propio Ortega y Gasset.

> [...] En cada instante concreto de nuestra vida tendremos
> un caso particular de esa estructura general, esto es, que si
> analizamos nuestra realidad en cualquier instante hallaremos
> que está constituida por los componentes enunciados, que
> consistirá en que estamos en una circunstancia determinada,

---

[56] ORTEGA Y GASSET, J. (1934). *Unas lecciones de metafísica* (2ª ed., p. 44). Alianza
Editorial.

que en ella estamos haciendo algo, ocupándonos con algo, que este hacer y ocupación nuestros fue decidido por nosotros en una preocupación, y que *si decidimos hacer lo que estamos haciendo fue porque nos parecía realizar con ello el yo que cada uno de nosotros presiente que tiene que ser.* El hombre no puede materialmente dar un paso sin anticipar todo su porvenir y en vista de él decidirse a darlo o no darlo, a caminar en una dirección o en otra[57].

En definitiva, cuando hablamos de *pensamiento,* en este capítulo, hablamos de capacidad de conocer y no solo de la capacidad de entrar en contacto con el mundo, como hacen otros seres vivos, sino de tener conciencia de lo que se conoce, quehacer en el que, si bien existe una interdependencia mutua, el conocimiento de uno mismo es tan nuclear como la vida misma, que integra al yo y a la circunstancia de modo insepa-rable o necesariamente unido. Consecuentemente, sin perjui-cio de que la realidad radical sea la vida y no el pensamiento, a continuación veremos que el pensamiento o, *grosso modo,* el «contar con las cosas» o el «reparar en ellas» —como decíamos, esto es el pensamiento en sentido estricto— es aquello que nos permite explicar y entender por qué la vida es la *totalidad de la realidad* —esto lo desarrollamos al comienzo del epígrafe siguiente—, lo que nos lleva a afirmar que, concatenando los axiomas expuestos, el soporte del pensamiento es, en cierto modo, la conciencia de la propia existencia o conciencia de la

---

[57] ORTEGA Y GASSET, J. (1934). *Unas lecciones de metafísica* (2ª ed., p. 129). Alianza Editorial.

propia intimidad, pues el pensamiento conoce el ser de las cosas y, en el conocimiento del ser de las cosas, el conocimiento de uno mismo o aprehensión de la propia intimidad es la actividad primera —*primera,* no en sentido temporal ni ontológico, sino en el sentido de ser la más fundamental—. En otras palabras, la vida es la *totalidad de la realidad,* porque nada hay que pueda ser conocido fuera de ella y lo que existe es lo que se puede conocer; pero, sobre todo, es la *totalidad de la realidad,* porque es únicamente en vida donde el sujeto cognoscente toma conciencia de la propia existencia, como núcleo esencial de la toma de conciencia de la existencia misma. Dicho de otro modo, el radical existencial no es ni el pensamiento ni el que algo pueda ser conocido por este, sino el Amor y, con él, la aprehensión de la propia intimidad, lo que no conlleva negar que la vida sea la realidad o certidumbre radical o *totalidad de la realidad.*

3.2.3.2. El sentido de la vida

Hablar de la vida como *totalidad de la realidad* dificulta el ejercicio de conciliar la vida con un potencial sentido, que implica algo anterior a esta, para la noción de *razón,* y algo posterior, para el concepto de *finalidad* —o también anterior, si se concibe el fin como causa—. Sin embargo, esto parece ser imposible, pues no se deduce del siguiente planteamiento lógico:

1. La epistemología y toda realidad comienzan en el hombre.
2. El hombre únicamente practica el acto de conocer mientras vive; es decir, en vida. Solamente en vida se hace empleo del pensamiento y se tiene conciencia de ser.

3. Todo lo que existe puede ser conocido por el pensamiento. Solamente lo que el pensamiento puede conocer existe, pues carecería de sentido afirmar que existe algo que el pensamiento no puede conocer, ya que sentenciar su existencia implica conocerlo.

4. En consecuencia, si existe algo, tiene que poder ser conocido por el pensamiento.

5. Pero el pensamiento únicamente conoce en tanto que su actividad se desarrolla en vida, pues el pensamiento es, como se ha dicho en el primer capítulo, una facultad del ser humano, así como, para Ortega y Gasset, uno de los muchos quehaceres de la vida.

6. La vida es, en definitiva, el *espectro en el que todo aquello que es se manifiesta para su posible falsabilidad metafísica,* que viene determinada por el hecho de poder o no ser conocido.

Sencillamente, si la vida es la *totalidad de la realidad,* no puede haber nada anterior ni posterior a ella. Ahora bien, decíamos antes, siguiendo a Ortega y Gasset, que la vida es histórica; esto es, es un aquí y ahora, dado que el pasado no existe y el futuro es una proyección. Asimismo, defiende Ortega y Gasset que la vida es lo que hacemos en cada momento. Considerando estas dos premisas, hay quien podría afirmar que el sentido de la vida es el por qué hacemos lo que en cada momento hacemos, causa que, en todo caso, sí existe.

[...] Si la vida es siempre lo que estamos haciendo, es muy importante analizar por qué estamos haciendo precisamente una cosa y no otra. Es lo característico del hacer —que todo lo que se hace se hace por algo, que la vida, en consecuencia, vive siempre de un porqué [...]—[58].

Sin embargo, hemos de discrepar con Ortega y Gasset en que la vida sea lo que en cada momento hacemos y afirmar que lo que en cada momento hacemos constituye, en ese momento dado, nuestra vida; pero que nuestra vida no se limita a ser lo que en cada momento hacemos, sino que es mucho más, concretamente, es *absolutamente todo*. Igualmente, sin perjuicio de que la vida, como la realidad misma, sea histórica, dado que la *totalidad de la realidad* es un presente, pues el presente es lo único que es, nos encontramos con que la existencia, sencillamente, no trae causa en nada, sino que la causa únicamente puede predicarse de los quehaceres concretos de la vida —incluido el quehacer fundamental y que engloba a los demás, que es decidir en cada momento qué se va a ser—; pero no de la vida misma. En otras palabras, la vida, en un momento presente, aquí y ahora, consiste en lo que hacemos en este momento y tiene como quehacer fundamental o consiste —ahora, en un segundo nivel de abstracción— en decidir qué vamos a ser.

Lo que me es dado, pues, con la vida es quehacer. La vida da mucho quehacer. Y el fundamental de los quehaceres es decidir en cada instante lo que vamos a hacer en el próximo. Por eso digo que la vida es decisiva, es decisión. Tenemos,

---

[58] ORTEGA Y GASSET, J. (1934). *Unas lecciones de metafísica* (2ª ed., p. 44). Alianza Editorial.

pues, estos tres caracteres: 1. la vida se entera de sí misma; 2. la vida se hace a sí misma; 3. la vida se decide a sí misma[59].

Así las cosas, consideramos que la manera adecuada de aproximarse a la cuestión pasa por distinguir, de menor a mayor, tres niveles de abstracción: (a) lo que, en cada momento particular, constituye nuestra vida, que son los quehaceres concretos de la vida —por ejemplo, estudiar, lavarse de los dientes, pasear al perro, etc.—; (b) aquello en que consiste la vida en un segundo nivel de abstracción y que engloba o sistematiza los quehaceres concretos de la vida; esto es, decidir en cada momento lo que vamos a ser, (c) y lo que la vida es en sí misma: la *totalidad de la realidad*. Aunándolo todo, nos encontramos con que la *totalidad de la realidad* es un concreto presente, un aquí y ahora, que consiste en decidir lo que vamos a ser, lo cual es, en ese determinado momento, estudiar o lavarse los dientes o pasear al perro, etc. De hecho, lo que para Ortega es la vida; o sea, decidir en cada momento lo que vamos a ser, es el núcleo de lo que después describiremos como la *unicidad de la persona*.

Dicho esto, vemos que, como contenidos de la vida, los niveles de abstracción (a) y (b) tienen una causa anterior y se proyectan a un fin posterior. Sin embargo, el nivel de abstracción (c) o la vida en sí misma considerada, como *totalidad de la realidad,* no trae causa de nada y de ahí que, si en un momento dado, aquí y ahora, pensamos en la existencia misma, nos encontramos con que hemos sido puestos en ella sorpresivamente.

[59] ORTEGA Y GASSET, J. (1934). *Unas lecciones de metafísica* (2ª ed., p. 74). Alianza Editorial.

Vivir no es entrar por gusto en un sitio previamente elegido a sabor, como se elige el teatro después de cenar, sino que es encontrarse de pronto y sin saber cómo, caído, sumergido, proyectado en un mundo incanjeable: en este de ahora. Nuestra vida empieza por ser la perpetua sorpresa de existir, sin nuestra anuencia previa, náufragos en un orbe impremeditado. No nos hemos dado a nosotros la vida, sino que nos la encontramos, justamente, al encontrarnos con nosotros[60].

3.2.3.3. Concepto de falsabilidad metafísica

El concepto de *falsabilidad* fue acuñado por el filósofo Karl Popper y se define como la *refutabilidad de una tesis*. A diferencia del verificacionismo, el falsacionismo postula que la falsabilidad o refutabilidad de una teoría se cumple cuando puede encontrarse un único enunciado en el que la tesis no se cumpla. Por ejemplo, la tesis «todos los perros tienen cuatro patas» sería falsada si encontrásemos un único perro que no tuviera cuatro patas.

Partiendo de esta definición, si extrapolamos el concepto de *falsabilidad* a la existencia misma de las cosas —de aquí que hablemos de *falsabilidad metafísica*—, podemos decir que la tesis de que A existe es falsada si el pensamiento no puede conocer A. En sentido contrario, la tesis de que A existe no es refutada o falsada; es decir, es cierta, si el pensamiento puede conocer A, pero no si el pensamiento conoce A, lo cual es irrelevante.

---

[60] ORTEGA Y GASSET, J. (1934). *Unas lecciones de metafísica* (2ª ed., p. 49). Alianza Editorial.

3.2.3.4. Demostración de la premisa primera: la epistemología y toda realidad comienzan en el hombre

Antes de validar el razonamiento expuesto *ut supra,* cabe cuestionarnos la primera de sus premisas: «la epistemología y toda realidad comienzan en el hombre».

Por un lado, la epistemología ha de comenzar en el hombre, ya que el acto de conocer el mundo es realizado propiamente por el ser humano, siendo la suya la única especie que presenta *logos* y, del mismo modo, la capacidad, no solo de relacionarse con el medio y adaptarse a él, como hacen otros seres, sino de llegar realmente a comprender cómo este se articula.

Por otro lado, la realidad también depende en cierto grado del sujeto cognoscente, dado que existe en tanto que se encuadra en los límites de su epistemología. Para ejemplificar esta idea, tratemos de imaginar o pensar una realidad que exista fuera del hombre —no localmente hablando, pues es evidente que no existe todo el universo, literalmente, dentro del hombre—. Esto no es posible, porque todo lo que pensamos existe en nuestros parámetros cerebrales y, en el momento en que lo pensamos, lo articulamos en nuestra mente. De aquí que, como se ha anotado ya en repetidas ocasiones, las cosas no salgan al encuentro objetivo del hombre, sino que «[conocemos] las cosas […] como somos» (Jiddu Krishnamurti), pues el ser humano conoce con toda su persona (conocimiento y voluntad).

Estas son las ideas que permiten rechazar el realismo como doctrina filosófica.

¡Perfectamente! Pero insisto: si yo abandono esta habitación de la cual he afirmado que está ahí por sí, que es una realidad, la lógica —que es la constancia en mis conceptos— me obliga, so pena de contradicción, a afirmar que esta habitación seguirá estando ahí. Pero esta consecuencia a que la lógica me obliga me abre, a la vez, los ojos sobre el error que subyace bajo mi tesis inicial. Porque es evidente que si me hallo lejos de esta habitación yo no puedo ya estar seguro de que está ahí. Con cerrar los ojos esa pared desaparece, deja de estar ahí. Por tanto, no era tan firme mi afirmación de que þ está ahí por sí. En el «estar ahí» de las cosas intervengo yo. Están ahí en tanto que las veo, las toco, las pienso. Sólo entonces resulta indubitable, seguro, su «estar ahí»[61].

Por lo menos es dudoso: la realidad del mundo sólo resulta indubitable cuando además de él, estoy yo viéndolo, tocándolo, y pensando que está ahí. Depende, pues, la seguridad de su realidad, de mi realidad. Esta, la existencia, la realidad de un sujeto que piensa la realidad del mundo, es lo que asegura con carácter indubitable esa realidad de este[62].

No obstante, esto no quiere decir que el idealismo ofrezca la respuesta acertada y, concretamente, no implica que:

a. El hombre sea un ser creador y que, por tanto, dote a las cosas de existencia.

---

[61] ORTEGA Y GASSET, J. (1934). *Unas lecciones de metafísica* (2ª ed., p. 184). Alianza Editorial.
[62] ORTEGA Y GASSET, J. (1934). *Unas lecciones de metafísica* (2ª ed., p. 193). Alianza Editorial.

b. Lo que yo, como individuo particular, no conozca aquí y ahora no exista.

c. No haya habido, en contra de la evidencia científica, nada antes del hombre.

En primer lugar, la existencia de las cosas es una separada de la del hombre y no empiezan a existir por designio humano. Por el contrario, las cosas existen; pero su existencia comienza a ser designada como tal y, por tanto, validada —consecuentemente, no falsada— en el momento en que el hombre la conoce, de modo que existieron siempre porque el pensamiento pudo conocerlas. En otras palabras, el ser humano es el núcleo de toda la realidad, de modo que, si jamás hubiera existido, carecería de sentido y sería imposible afirmar la existencia de otros objetos, pues el lenguaje y, cuando hablamos del ser de las cosas, las artes o símbolos —todos ellos, elementos a través de los cuales conocemos la realidad— no estarían disponibles para su uso.

Pensar y decir son, como veremos, una misma cosa y no es un azar que en Grecia *logos* significase ambas cosas. El pensamiento no existe sin la palabra: le es esencial ser formulado, expreso. Lo inexpreso e informulado, esto es, lo mudo no ha sido pensado y como no ha sido pensado no es sabido y queda secreto. Por eso hablar —esto es, pensar— es manifestar, declarar o aclarar, descubrir lo cubierto u oculto, revelar lo arcano. «Decir», decir algo es poner de manifiesto lo que antes existía en forma latente y larvada. Y el sentido primario del decir no es el conversar, no es el revelar yo a otro mi pensamiento, que mientras no se lo revele mediante el lenguaje es para el otro un secreto, un algo oculto; pasa que yo pueda decir algo a alguien es preciso que antes me lo haya dicho yo a mí mismo, esto es, que lo haya pensado y no hay pensar si no hablo conmigo mismo. De donde resulta que antes de revelar algo al prójimo he tenido que revelármelo a mí mismo. Mas para esto es preciso que, además de contar con ello haya reparado en ello, me haya hecho cuestión de ello y me lo haya definido[63].

En definitiva, si bien esta afirmación puede ser acusada de antropocéntrica, bien entendida no tiene nada de reprochable, sino que es absolutamente cierta. Preguntarse por la existencia de una cosa presume que existe un sujeto cognoscente que puede conocerla y, consecuentemente, se pregunta por su existencia. Análogamente, hablar de algo que existe requiere la existencia de un sujeto que es persona y, como tal, posee *logos* y la habilidad del lenguaje y las artes, lo que nos lleva a decir que todo lo que existe puede ser nombrado —no necesariamente uninominalmente ni a través del concepto estricto de la palabra, sino dicho o expresado, en general o *grosso modo;* esto es, también a través del símbolo—, mientras que aquello que carece de encaje en el esquema de nuestro lenguaje, como conjunto de elementos de los que nos servimos para expresar lo que existe, también carece de existencia, pues si existe, es porque el pensamiento lo ha podido conocer y, al conocerlo, encontramos la necesidad de nombrarlo, dado que el pensamiento exige ser dicho. Ahora bien, preguntarse por la existencia de una cosa; o sea, dudar, implica también que

---

[63] ORTEGA Y GASSET, J. (1934). *Unas lecciones de metafísica* (2ª ed., p. 134). Alianza Editorial.

existe, además del sujeto cognoscente o dubitativo, un objeto dudoso, de lo que resulta que, como ya anotábamos, la existencia de las cosas es una separada de la del hombre, de modo que, por un lado, existe el hombre y, por otro, el mundo o las cosas, no siendo estas mero pensamiento humano.

Cuando Descartes encuentra que es indubitable la existencia de la duda, por tanto, que la duda era realidad radical o absoluta debió pararse a analizar qué era, en qué consistía tal realidad llamada duda, en vez de apresurarse a denominarla «pensamiento», y con ello falsificarla. Pues ¿qué hay cuando absolutamente hay duda? Hay yo que dudo y hay aquello que me es dudoso. Ambos términos son igualmente imprescindibles para que haya duda. Y lo dudoso no es ello duda, no es yo, no es subjetividad, sino que es algo frente a mí que dudo, y que tiene que existir para que yo ante ello sienta duda. «Lo dudoso» es el carácter con que se me presenta el mundo cuando dudo, como «pared» es el carácter con que ahora se me presenta el mundo cuando miro[64].

No obstante, que esto sea así y que la existencia de las cosas sea una separada de la del hombre no quita para que hablar de la existencia de las cosas solo cobre sentido si existe un sujeto que conoce —además de una cosa que es conocida—. Nos encontramos, nuevamente, con que el sujeto y la cosa o circunstancia, como ya anotábamos, están intrínsecamente relacionados; es

---

[64] ORTEGA Y GASSET, J. (1934). *Unas lecciones de metafísica* (2ª ed., p. 222). Alianza Editorial.

decir, se necesitan mutuamente, de modo que el ser del yo depende del ser de la cosa y el ser de la cosa depende del ser del yo. Sin embargo, ya explicábamos unos epígrafes atrás que, sin perjuicio de que esto sea cierto, el núcleo de la existencia reside en el conocimiento o aprehensión de la propia intimidad[65], lo que pone al sujeto en el núcleo de la epistemología y, como corolario, también de la existencia. No se saque de quicio la frase «toda realidad comienza en el hombre» y se pretenda decir que se defiende en este epígrafe el idealismo, como si lo único que existiera es el pensamiento, dado que ello ya ha sido objeto de refutación en estas líneas.

En segundo lugar, esta idea no nos lleva necesariamente a afirmar que lo que yo, como ser concreto, desconozco en un tiempo particular no existe. Esto sería un error e iría en contra de la evidencia empírica cotidiana, pues hay miles de datos, cosas y seres que personas concretas desconocen; pero que, por el contrario, existen y son del entendimiento de otra gente. Todo lo que es desconocido por mí carece de existencia aquí y ahora en mi visión particular; pero, en el momento en que se me hace saber que existe, su existencia es sometida al juicio de falsabilidad y pasa a ser comprendida dentro de mi marco personal de entendimiento. En ese momento, puedo afirmar que tal realidad existía desde siempre, mas no porque la conozca, sino porque la he podido conocer. Asimismo, cabe recordar que lo que existe no es lo que conozco, sino lo que puedo conocer. Ahora bien, del mismo modo que «lo que puede suceder

---

[65] Ténganse esas líneas y los argumentos ahí expuestos ahora por reproducidos; esto es, porque la pregunta primera es quién soy yo, pues el quehacer fundamental de la vida es decidir en cada momento lo que vamos a ser.

sucede con seguridad, pues de no ser así, no puede suceder»[66], lo que se puede conocer se conoce; mas no necesariamente en el momento presente, sino en uno futuro de la infinidad, pues la posibilidad abarca la infinidad, pero el tiempo infinito en el que se realiza no nos es dado[67]. En consecuencia, lo que no sea para un hombre particular en un tiempo concreto o en la totalidad de su vida no tiene por qué no ser jamás o por qué no haber sido nunca o desde siempre.

En tercer lugar, sería un absurdo afirmar que no hubo nada hasta el momento en que el hombre pobló la Tierra. La evidencia científica demuestra que, antes de aparecer la especie humana, otras muchas cosas (seres vivos, rocas, energía, etc.) existían. Por el hecho de que el hombre no es un ser creador y de que la existencia de las cosas es una separada de la suya, podemos afirmar que todo ello existió antes de la razón humana; pero podemos afirmarlo únicamente porque el pensamiento ha sido capaz de conocerlo. Dicho de otro modo, la realidad existía antes del hombre y, a partir del momento en que surge este, su pensamiento abarca toda esa realidad y verifica su existencia. Así pues, todo aquello que existía, que entendemos existía antes que el hombre, existió porque la razón ha podido conocerlo, no en el momento concretó en que existió, sino en uno futuro, dado que, como decíamos antes, la posibilidad abarca la infinidad.

---

[66] SCHOPENHAUER, A. (1997). *El arte de ser feliz* (3ª ed., p. 76). Herder Editorial.
[67] SCHOPENHAUER, A. (1997). *El arte de ser feliz* (3ª ed., p. 76). Herder Editorial.

3.2.4. La vida en el plano metafísico: la infinitud de la vida para su titular

Una vez explicado por qué «la epistemología y toda realidad comienzan en el hombre», podemos entender finalmente qué es la vida, concepto que, si bien estudiamos en abstracto, toma verdadera existencia y, de hecho, es únicamente para cada cual. En otras palabras, cuando se habla de la vida como la *totalidad de la realidad,* se está hablando, en definitiva, de la vida de cada uno, que es el verdadero *espectro en el que se manifiesta todo lo que es.*

Partiendo de las premisas antes dadas, cabe afirmar que, dado que el pensamiento únicamente existe y conoce si hay un sujeto que vive —y que existe porque puede tener conciencia de sí mismo o conciencia de ser[68], además de conciencia del mundo—; es decir, en la vida de dicho sujeto, todo lo que el pensamiento puede conocer y actualmente conoce; esto es, todo lo que existe, forma parte de la vida del sujeto y es en ella. En consecuencia, la vida del sujeto cognoscente abarca espacio-temporalmente todo lo que existe, ya que todo ello forma parte de su vida. La vida pasa a ser, de este modo, el *espectro en el que todo aquello que es se manifiesta.*

Véase que se ha dicho «forma parte de la vida del sujeto y es en ella» y no «forma parte del sujeto y es en él o en su pensamiento», dado que, como ya se alertaba, el idealismo no es la tesis defendida en estas líneas.

---

[68]   «No nos hemos dado a nosotros la vida, sino que nos la encontramos, justamente, al encontrarnos con nosotros» [ORTEGA Y GASSET, J. (1934). *Unas lecciones de metafísica* (2ª ed., p. 49). Alianza Editorial].

En este contexto, hemos de aclarar que, para la conciencia humana particular de cada uno, su vida es un espectro que no tiene principio ni final: es la *totalidad de la realidad;* es decir, *absolutamente todo.* Esto se debe a que la conciencia y el uso del pensamiento desaparecen con el final de la vida y no existen antes de esta, de tal forma que es imposible concebir nada ajeno o externo a ella —si lo fuera, habría vida, porque todo lo que existe se manifiesta necesariamente en el espectro vital—. Como se anotaba someramente al comienzo de este epígrafe, hablamos de la vida en general; pero nos referimos a la vida de cada cual —*tu* vida, *su* vida, *mi* vida—, por cuanto la vida como concepto o la vida de otro también es en la vida de uno mismo. En suma, la vida, como *totalidad de la realidad,* se predica de la vida de cada cual.

3.2.5. La vida en el plano metafísico: la contradicción natural de la existencia

Sin embargo, el ser humano es consciente de la finitud de su vida, pues la ve en la degradación y partida de sus semejantes. He aquí la que es, para nosotros, la fundamental y natural contradicción de la existencia.

Mientras la vida concreta de cada ser humano es su *espectro infinito de la totalidad,* resulta que en ella aparecen seres vivos e inertes, siendo los vivos la manifestación o reflejo más próximo a tal espectro que el ser humano tiene para poder abstraer de ellos la idea de lo que son la vida y la muerte.

3.3. LA MUERTE

3.3.1. Planteamiento

Epicuro razonaba que la muerte no debe preocuparnos, pues no está cuando estamos y está cuando no estamos. La muerte es una de las cuestiones filosóficas más complejas y difíciles de responder, ya que plantea varios problemas y contradicciones que rozan la barrera del entendimiento humano.

En este epígrafe, se trata de aproximarnos a algunas cuestiones relacionadas con ella, si bien someramente, pues la muerte no es el tema primero de este capítulo.

3.3.2. Nociones del término *muerte*

Antes de pretender mayores reflexiones, hemos de preguntarnos qué entendemos por *muerte*. *Grosso modo,* podemos definir la muerte como la ausencia de vida o la «cesación o término» (DRAE) de ella. Tal definición no parece ser errónea; pero, el lenguaje, como modo de articular la realidad, no siempre refleja tal denotación.

En este contexto, son dos los modos en que podemos conceptualizar la muerte:

a. Como hecho puntual, lo cual se sigue del siguiente razonamiento:

i. El comienzo de la vida se corresponde con el nacimiento.

ii. El fin de la vida, con la muerte.

iii. Ergo, el antónimo de *muerte* es *nacimiento.*

Expresamos, en el habla cotidiana, esa idea cuando decimos: «Pedro murió ayer».

Murió es un verbo en pretérito perfecto simple. Este tiempo verbal expresa que una acción sucedió una vez en el pasado y no se prolongó en el tiempo.

b. Como hecho prolongado, en tanto que:

i. No existe vida si hay muerte, ni viceversa.

ii. Ergo, el antónimo de *muerte* es *vida*.

iii. La vida presenta una noción temporal.

iv. Ergo, la muerte también tendrá su propia noción temporal.

A través del lenguaje, expresamos esta idea al decir: «Pedro está muerto».

Está es un verbo en presente de indicativo. Este tiempo verbal indica que la acción señalada se realiza en el momento del habla. Cuatro años después de su muerte, Pedro «está muerto» y así lo estará a los cinco, seis y diez años. La muerte de Pedro, por tanto, adquiere una noción temporal y se prolonga en el tiempo.

Vemos, con esta sencilla aproximación lingüística, que la muerte es una realidad de difícil —o, como radicalmente defenderemos luego, imposible— entendimiento. De aquí que nos encontremos con modos distintos e, incluso, cuasi contradictorios para designar lo mismo.

3.3.3. La muerte como realidad gnoseología *relativamente* inconcebible

Teniendo presente los modos de concebir la muerte que hemos señalado, cabe considerar que, dado que la vida de un sujeto concreto no tiene ni principio ni final para él, su muerte, como realidad que sucede o bien puntual o bien prolongadamente después de su vida, se convierte en algo que le es incognoscible de forma particular y directa; es decir, para sí mismo. Dado que la vida es la *totalidad de la realidad,* nada puede darse antes o después de ella, ya que no existe pensamiento que pueda conocerlo y, en consecuencia, verifique su existencia, tras someterlo al juicio de la falsabilidad. Ahora bien, existe otro modo a través del cual la razón trata de conocer la muerte y es abstrayéndola del espectro vital de los seres vivos que se manifiestan en la vida.

Como dijimos antes, la vida es el *espectro en el que todo lo que es se manifiesta.* Sin embargo, esta definición de la vida entendida como la *totalidad de la realidad* es la que se aplica a la vida particular de cada ser humano, pues en tal espectro aparecen, además, seres vivos e inertes; es decir, seres que presentan vida y seres que no. En estos seres vivos, desde los más simples hasta los más complejos, es donde se manifiesta la definición biológica de vida que expusimos *ut supra.* No obstante, tan solo para el ser humano es la vida el *espectro de todo lo que es,* ya que es el único ser que puede tener conciencia de su propia existencia y del mundo.

En este contexto, el infinito espectro de nuestra vida contiene los finitos espectros de la vida del resto de hombres. Lo contrario sucede para ellos con nosotros. Una vez más, he aquí una manifestación de la contradicción natural de la existencia.

Expuesto lo anterior, podemos entender que la única manera por la que el ser humano puede conocer la muerte es abstrayéndola, para sí, del resto de seres vivos en los que esta se realiza. El conocimiento de la muerte se convierte, por tanto, en la conclusión de las siguientes premisas, que guardan una cierta correlación lógica:

1. Pedro ha muerto y así es que se mantiene; esto es, no vuelve a la vida.

2. Pedro es un ser humano.

3. Yo soy un ser humano.

4. Ergo, yo moriré y no volveré después jamás a la vida tal y como la percibo.

Pese a esto, yo, que sí pude presenciar y conocer directamente la muerte de Pedro, no podré jamás llegar a conocer directamente la mía. Por el contrario, sé que dejaré de vivir; pero nunca podré realmente llegar a verificar por mí mismo y de forma empírica que la conclusión expuesta se dio verdaderamente —ni, en sentido contrario, podré falsarla—, ya que no existen ni pensamiento ni conciencia cuando cesa la vida.

Recapitulando, para cada ser humano concreto la vida es la *totalidad de la realidad,* de modo que no existe nada fuera de esta. La muerte, como realidad incapaz de ser conocida en uno mismo, es abstraída del fallecimiento de los seres semejantes y se convierte en una circunstancia de la propia vida del sujeto; es decir, la muerte existe en la vida; mas no existe la muerte concreta del sujeto, sino de los otros seres y, de él mismo, únicamente existe el razonamiento lógico, aproximado e intuido que de su veracidad construye o, en otras palabras, una abstracción, si bien esto no quiere decir que no sea, sino que es de otro modo[69]. En otras palabras, la muerte es una realidad —como circunstancia que es en la vida— de gnoseología *relativamente* inconcebible, dado que,

---

[69] Así, «el ser se dice de muchas maneras» (Aristóteles).

respecto de uno mismo, es impensable; pero puede conocerse en abstracto, como producto de un razonamiento lógico que se construye sobre axiomas que parten de la experiencia cotidiana del hombre.

3.4. La lucha de contrarios y el Bien y el valor, que no el sentido, de la vida

3.4.1. Los momentos de no-existencia y la lucha de contrarios

Como dijimos en el epígrafe anterior, la muerte existe en la vida; esto es, es una circunstancia más de la *totalidad de la realidad* para el individuo. En otras palabras, la muerte únicamente existe en tanto que existe la vida, del mismo modo que, como dijo Einstein, la oscuridad tan solo es la falta de luz. Sin embargo, la vida también es ella únicamente en tanto que perece; es decir, que muere, pues una vida es solo tal si comienza y acaba. Se manifiesta nuevamente la contradicción natural de la existencia. Ahora bien, téngase presente que, si bien la muerte no existiría sin la vida, la vida sí podría existir autónomamente, pues es la *totalidad de la realidad,* mas no sería ella; esto es, no sería vida, dado que la vida está conceptual y abstractamente comprendida entre dos momentos de no-existencia.

Estos dos momentos de no-existencia son distintos: por un lado, nos encontramos con el no haber nacido y, por otro lado, con el morir. En ninguno de ellos el sujeto pasivo es; pero su naturaleza es radicalmente diversa. Mientras hemos dicho que la muerte es una realidad de gnoseología *relativamente* inconcebible, resulta que el no haber nacido no es tan si quiera una realidad y, consecuentemente, es de gnoseología *absolutamente* inconcebible. Cuando hablamos de *realidad,* solemos referirnos a lo que se da en un determinado mundo o, dicho de otro modo, a lo que existe en ese mundo. Así las cosas, la magia es una realidad o existe en Harry Potter; pero no es real en el mundo tangible. De aquí que la palabra realidad se defina como «existencia real y efectiva de algo» (DRAE) o «verdad, lo que ocurre verdaderamente» (DRAE) o «lo que es efectivo o tiene valor práctico, en contraposición con lo fantástico e ilusorio» (DRAE). Ahora bien, resulta que, cuando hablamos de lo real en sentido estricto, nos referimos siempre a lo que acontece en el mundo fáctico, mientras que, si hablamos de cualquier otro producto de la imaginación y nos referimos a su realidad, matizamos el mundo en el que lo encajamos. Así, si ponemos el foco en el mundo tangible, resulta que la muerte es una realidad, pues acontece, dado que es una circunstancia de la vida de cada cual y es precisamente eso lo que permite sea *relativamente* concebible. Sin embargo, no es una circunstancia el no haber nacido, dado que, mientras la muerte presume la existencia, el no haber nacido es la abstracción de la toda potencia sin previa existencia. Esto nos lleva a afirmar que el no haber nacido no es una realidad, sino pura abstracción y, concretamente, una abstracción sin soporte real participado de modo alguno, lo que hace que sea de gnoseología *absolutamente* inconcebible.

Cosa distinta a todo esto son el sentir morir y el sentir no haber nacido nunca, ambos padecimientos de sufrimiento extremo; pero, en todo caso, causantes de trepidaciones distintas.

A título meramente aclaratorio, no sucede lo mismo con otras cosas que no son realidades en sentido estricto; pero que sí son gnoseológicamente concebibles, como la magia o los unicornios, pues estas, a diferencia del no haber nacido, son abstracciones que, a pesar de ser producto de la imaginación, parten de realidades en sentido estricto; esto es, que tienen cierta conexión con el mundo y las circunstancias de la vida, lo que hace que sean perfectamente cognoscibles.

Dicho lo anterior, el único momento de no-existencia que nos resulta relevante, como realidad *relativamente* cognoscible que es, es la muerte. En otras palabras, el no haber nacido no nos debe ocupar, dado que es absoluta y radicalmente inconcebible; mas no lo es por no ser una realidad en sentido estricto, pues hemos visto que otras cosas no son realidades en sentido estricto y, sin embargo, son concebibles, sino porque es pura abstracción sin conexión alguna con ninguno de los elementos que integran la vida —ni con el yo ni con la circunstancia—.

Así, mientras la muerte existe únicamente porque existe la vida, la vida se realiza, en parte, gracias a que muere. Mientras la vida es la *totalidad de la realidad* y, por tanto, un *espectro espacio-temporal infinito* para cada ser particular, es solamente vida porque, aunque no podamos en nosotros percibirlo, comienza y acaba; esto es, porque es, en la abstracción, finita. Ahora bien, conocer la vida; esto es, conocer el ser de la vida no es, como tuvimos ocasión de definir en el primer capítulo, conocerla como concepto o en la abstracción, sino entrar en una especial relación con ella. En este caso, el entrar en una especial relación con la vida implica conocer su Bien y, consecuentemente, comprenderla como *totalidad de la realidad*. De aquí que, como decíamos, la vida de cada uno —única vida en cuanto tal, pues las vidas de los demás únicamente puede ser para nosotros una abstracción— sea realmente y para cada cual infinita, pues los dos momentos de no-existencia únicamente se presentan en la abstracción, mientras que, en el conocimiento del ser de la vida, no los hay.

De este modo, los conceptos de *vida* y *muerte* existen porque existe su contrario. Son contrapuestos y su lucha —lucha de contrarios— es su nutriente.

3.4.2. El Bien de la vida: el conocimiento de su valor absoluto

3.4.2.1. Diferencia entre bien y valor

Para poder exponer los conceptos que a continuación se tratan, es preciso tener presente y clara la diferencia existente entre Bien y valor.

Por un lado, el Bien es objetivo y, como tal, absoluto; es decir, independiente de la voluntad del hombre. Por otro lado, el valor es relativo y, consecuentemente, moldeable o cambiante. En palabras de Pedro Serna, el bien conecta con un «referente ontológico», naturaleza o verdad objetiva, mientras que el valor está desligado de este y se «[reivindica] desde sí [mismo], en virtud de sí [mismo]»[70]; es decir, dependiendo de la subjetividad que lo reivindica o, en otras palabras, de la persona concreta y particular.

La noción de bien supone necesariamente una naturaleza perfectible para la cual algo es un bien. Un objeto determi-

---

[70] SERNA, P., (1998). «El derecho a la vida en el horizonte cultural europeo de fin de siglo». En C. I. MASSINI y P. SERNA (Eds.), *El derecho a la vida* (pp. 47-48). EUNSA.

nado se considera un bien porque es capaz de perfeccionar a una naturaleza y sólo en la medida en que lo es. La idea de bien postula, pues, un referente ontológico y está marcada por lo que podríamos llamar una esencial relatividad o, para evitar confusiones, relacionalidad: dejando al margen ahora el tema de Dios como bien absoluto, puede decirse que un ente particular no es un bien absoluto en ningún caso, y que su razón de bondad no es ilimitada; por el contrario, encuentra el fundamento, la medida y el límite de su bondad en el modo de ser (naturaleza) del ente con respecto al cual lo consideramos un bien [...] Frente a estos, la idea de valor es el sustitutivo positivista de la noción de bien [...] Los valores son los antiguos bienes desligados de su referente ontológico y, por tanto, reivindicados desde sí mismos, en virtud de sí mismos. La instancia que los soporta no puede ser otra que una voluntad que se autoafirma y les convierte en *leitmotivs* de su autoafirmación [...][71].

3.4.2.2. El Bien de la vida

Dicho lo anterior, el Bien de la vida reside en el conocimiento de esta como *totalidad de la realidad* y, dicho de otro modo, en la toma de conciencia de la propia existencia en consonancia con la existencia de la circunstancia que, en cada momento, coexiste con nosotros. En este contexto, el motor principal que nos lleva al conocimiento de la vida es la conciencia de su conceptual finitud.

---

[71] SERNA, P., (1998). «El derecho a la vida en el horizonte cultural europeo de fin de siglo». En C. I. MASSINI y P. SERNA (Eds.), *El derecho a la vida* (p. 48). EUNSA.

Antes de indagar en esta idea, es necesario recalcar que, para el hombre concreto, su vida es *conceptualmente* finita; pero *realmente* infinita, dado que no es capaz de conocer en su persona esta finitud; es decir, la muerte, sino que tan solo puede conocerla en los demás; esto es, fruto de un ejercicio de abstracción. Mientras la vida es la *totalidad de la realidad* y todo lo que existe se realiza en las vidas particulares de los hombres, de la muerte propia no se puede tener nada más que un concepto, abstracción o aproximación, ya que solo existe lo que el pensamiento puede conocer y, como conoce en vida, la supresión de la vida propia le es incognoscible.

Aclarada esta idea, que es fundamental para comprender este capítulo, son dos las cuestiones que hemos de preguntarnos ahora: en primer lugar, por qué la conciencia de la finitud conceptual de la vida es el motor de la consecución de su Bien y, en segundo lugar, por qué la toma de conocimiento de la vida como *totalidad de la realidad* es su Bien.

En primer lugar, hemos de decir que, si bien la vida es lo único autónomo, resulta que la conceptualización de la vida exige tomar en consideración dos momentos de no-existencia, de los cuales solo uno de ellos es, aunque de modo relativo, gnoseológicamente concebible, por lo que el otro no debe entretenernos más de lo que ya se ha tenido oportunidad de decir. Dicho esto, siendo la muerte inconcebible respecto de uno mismo, resulta que tratar de aprehenderla genera en el hombre una trepidación mental tal que desordena la vida de uno, sus valores y prioridades. Es fruto de esta trepidación, que radica en un desorden personal y existencial, que el ser humano siente la necesidad de responder a preguntas tales como qué es la vida, cuál es su sentido o por qué vivimos. En definitiva, se pregunta cómo realizar el quehacer fundamental, que es decidir en qué momento que va a ser o, en otras palabras, le atormenta la existencia misma y necesita capturar, para su propia supervivencia, la tranquilidad o, en otros foros, ataraxia. En otras palabras, aunque existen otros modos de aproximarse a la cuestión acerca del quehacer fundamental, lo cierto es que ninguno es como la trepidación mental que genera el enfrentarse al problema metafísico del morir, pues no hay desorden alguno como el que este causa y, consecuentemente, no hay otro motor que empuje tan intensamente como él. Y es que ¿quién, si no es el que sabe con toda su persona (conocimiento y voluntad) que morirá, decide con más intensidad a cada momento lo que va a ser? El resto de aproximaciones pueden ser útiles y relevantes; pero la verdadera y más profunda aprehensión del Bien de la vida, por ser absolutamente radical, requiere una predisposición mental de igual magnitud, al tiempo que hunde sus raíces en una experiencia personal que la mera abstracción o conceptualización, que es hasta donde alcanza este libro, no es suficiente. Así, aprehender el Bien de la vida, como veremos, es comprenderla como *totalidad de la realidad,* mientras que enfrentarse al problema metafísico del morir consiste en tratar de concebir lo cognoscible en abstracto; pero, respecto de uno, imposible de conocer. El grado de paroxismo que vive el sujeto paciente es similar, que no igual, en ambas situaciones y de aquí que la conciencia de la muerte, plena y verdaderamente; esto es, con toda la persona o de modo radical, sea el motor más perfecto para la consecución del Bien de la vida. Es en este sentido que decimos que la muerte es el motor que lleva a hombre a la captura del Bien de la vida. En todo caso, nótese que decimos que es el más perfecto motor; pero no que el Bien de la vida se capture de este modo.

En segundo lugar, decimos que el Bien de la vida es el conocimiento o comprensión de esta como *totalidad de la realidad,* momento en el que se tiene conciencia de que el yo es el núcleo de la epistemología y de que, si bien su ser depende del de la circunstancia y viceversa, él ocupa un papel central en la existencia. Así las cosas, es preciso ahora retomar la idea de que el quehacer fundamental de la vida es decidir en cada momento qué vamos a ser, para lo cual es fundamental tener previa conciencia, como poco, de lo que pensamos que somos o aspiramos a ser, pues, de lo contrario, estaríamos decidiendo lo que vamos a ser a ciegas. Así, la vida, en sí misma considerada, no tiene un sentido, dado que no hay nada anterior ni posterior a ella; pero, dentro de ella; esto es, desde otra perspectiva, sí encontramos un *telos,* que es, precisamente, su quehacer fundamental: decidir en cada momento qué vamos a ser. Este no es, sin embargo, el Bien de la vida, sino que lo que sucede es lo siguiente. La correcta realización de este quehacer exige la conciencia de la propia existencia o conocimiento, al menos aproximativo, de uno mismo, lo que acontece en la aprehensión de la intimidad. Resulta, entonces, que, en la aprehensión de la intimidad, el yo se conoce a sí mismo o, en otras palabras, conoce su ser, pues entabla una especial relación consigo, si bien debe decidir en cada momento lo que quiere ser. Como de su ser depende el ser de la circunstancia, resulta que el conocimiento de la vida como *totalidad de la realidad* pasa por la aprehensión de la intimidad y resulta también que, como el ser del yo depende del ser de la circunstancia, si bien en el decidir en cada momento lo que vamos a ser ocupa un papel primero el ser del yo, se requiere también el ser de la circunstancia; esto es, del ser de ambos o, en otras palabras, del ser mismo de la vida, que no es otra cosa que la ataráxica relación en que entra el hombre con *todo lo que es* cuando comprende la vida como *totalidad de la realidad.* De aquí que el Bien de la vida consista en el conocimiento de ella como *totalidad de la realidad* y se alcance en el encuentro con la intimidad.

En definitiva, el Bien de la vida se encuentra en conocerla. Al conocer la vida, el hombre entiende lo que él representa en esta: entiende que su vida es *todo lo que existe* y entiende que todo lo demás existe en ella; esto es, se comprende como núcleo de la epistemología y a su vida, como núcleo de la realidad. En otras palabras, toma conciencia de la propia existencia.

El Bien de la vida, como Bien que es, es absoluto y, en este sentido, uno y el mismo para todos los hombres. Además, como Bien último, por ser el bien de la *totalidad de la realidad,* que es la vida, es aquello a lo que el alma se orienta como fin último y, más específicamente, deber-ser del hombre. Es esa es una cuestión, sin embargo, que será tratamiento más específico en el quinto capítulo de esta obra.

3.4.2.3. *El valor de la vida*

Así las cosas, si bien el Bien de la vida es uno y el mismo para todos los hombres, el valor de la vida es distinto para cada persona y responde a aquello que cada uno dota de supremo valor o relevancia, poniéndolo en el centro, como motor fundamental, de su vida y orientando sus acciones conforme a ello, como si fuera un fin. Sin embargo, téngase presente que es un medio, pues el fin último es, como ya decía Aristóteles, la felicidad, que radica en el Bien de la vida y el resto de cuestiones que, como desarrollaremos en los últimos capítulos, están ligados a este.

Aunque el valor de la vida, a diferencia de su bien, sea subjetivo, depende, en cierto modo, de aquel, pues el ser humano determina verdaderamente el valor de su vida en un encuentro consigo mismo; esto es, con su intimidad; o sea, cuando, alcanzado el bien de la vida o tomado conciencia de la propia existencia, descansa en la ataraxia y ve las cosas con claridad. Esto es, con otras palabras, lo que desarrollábamos al principio de este capítulo cuando decíamos que, para decidir lo que va a ser, el hombre tiene que haber aprehendido su propia intimidad, dado que la aprehensión de la propia intimidad o conciencia de la propia existencia conlleva alcanzar el Bien de la vida, que es, como hemos dicho, tener conocimiento o comprender la vida como *totalidad de la realidad*. Y recuérdese que decidir lo que en cada momento se va a ser es la abstracción de los quehaceres particulares de la vida —estudiar, lavarse los dientes, pasear al perro, etc.—. Así las cosas, señalábamos que sí tenían una causa o fin estos quehaceres concretos y aquello en que consiste la vida, que es el decidir en cada momento lo que se va a ser. Esta causa responde al valor subjetivo que cada uno de nosotros da a su vida, el cual, como el decidir lo que se va a hacer, por cuanto es su causa, depende del conocimiento de la propia intimidad. De lo contrario, como señalábamos, decidir lo que se va a ser sería dar palos de ciego.

4. EL ENCUENTRO DEL HOMBRE CON DIOS

4.1. Planteamiento

Podría decirse que el presente capítulo pivota en torno a la demostración de la existencia de Dios; si bien, lo que se presenta no es, en sentido estricto, un argumento en favor de su existencia. Concretamente, la discusión filosófica que nos ocupará en las páginas siguientes pretende mostrar el camino o modo en que el hombre se encuentra con Dios, lo cual pone de manifiesto dos cosas: (a) que, si hay encuentro, es porque existe algo que encontrar; esto es, porque Dios existe y (b) que, si se logra demostrar la certeza del camino para hallar a Dios, se habrá logrado, de algún modo, demostrar su existencia. En otras palabras, no se expone en este capítulo un argumento metafísico en favor de la existencia de Dios, sino una aproximación antropológica a este ente, que existe. En todo caso, no se presume su existencia, sino que, por un lado, esta queda constatada con la certeza de la argumentación objeto de estas páginas y, por otro lado, también se expone un muy sólido argumento, de enfoque metafísico, en su favor.

Considerando lo anterior, la idea que se defiende en este capítulo parte del libro *¿Qué es filosofía?,* de Ortega y Gasset, pues fue con la lectura de las líneas que seguidamente se transcriben que surgió la idea que se trabaja en las páginas siguientes. Las líneas de que se habla son estas:

> [...] El Dios del cristianismo no tiene que ver con el rayo, ni el río, ni el trigo, ni el trueno. Es un Dios de

verdad, trascendente y extramundano, cuyo modo de ser es incomparable con el de ninguna realidad cósmica. Nada de él, ni la punta de sus pies, cala en este mundo, no es ni siquiera tangente al mundo. Por esta razón es para el cristiano misterio sumo la encarnación. Que un Dios rigorosamente inconmensurable con el mundo se inscriba en él un momento —«y habite entre nosotros»— es la máxima paradoja. Esto que, lógicamente, es un misterio en el cristianismo era la historia cotidiana para la mitología griega. Los dioses olímpicos tomaban a toda hora cuerpo terrestre y a veces, infrahumanos, eran cisne estremecido sobre Leda o toro que corría con Europa al lomo.

Pero el Dios cristiano es trascendente, es *deus exsuperantissimus*. El cristianismo propone al hombre que entre en trato con ser tal. ¿Cómo es posible este trato? No sólo es imposible por medio o al través del mundo y las cosas intramundanas, sino que, al revés, todo lo de este mundo es, por lo pronto, estorbo e interposición para el trato con Dios. Para estar con Dios hay que comenzar por aniquilar virtualmente todo lo cósmico y terreno, darlo por no existente ya que, en efecto, frente a Dios es nada. Y he aquí cómo para acercarse el alma a Dios, en su urgencia hacia la divinidad, para salvarse va a hacer lo mismo que el escéptico con su duda metódica. Niega la realidad del mundo, de los demás seres, del Estado, de la sociedad, de su propio cuerpo. Y cuando ha suprimido todo esto es cuando empieza a sentirse verdaderamente vivir y ser. ¿Por qué? Precisamente porque el alma se ha quedado sola, sola con Dios. El cristianismo es el descubridor de la soledad como sustancia del alma. Digo formalmente como sustancia del alma. Nadie de los que me escuchan entiende ahora lo que eso significa. *¡La soledad como sustancia!* […].

El alma es lo que verdaderamente es cuando se ha quedado sin mundo, liberada de él, por tanto, cuando está sola. Y no hay otra forma de entrar en compañía con Dios que a través de la soledad, porque únicamente bajo la especie de soledad se encuentra el alma con su auténtico ser. Dios y, frente a Él, el alma solitaria; no hay más realidad verdadera para el punto de vista cristiano, de la religión cristiana, no de la llamada «filosofía cristiana» […][72].

Partimos, por la tanto, de la siguiente premisa: es cuando el alma se queda sola que encuentra a Dios o, en otras palabras, en el encuentro del sujeto con su alma está el encuentro con Dios, lo cual pasaría, en principio, por negar el mundo o la circunstancia, que, como hemos dicho en el capítulo anterior, está necesariamente relacionada con el yo, de modo que se necesitan mutuamente. En este sentido, se hace necesario falsar lo afirmado y, concretamente, preguntarse qué se entiende por *soledad,* por qué el alma se queda sola cuando niega el mundo y por qué en el encuentro del sujeto con su alma hay «soledad como sustancia» y no, si ahí es donde entra el hombre en relación con Dios, compañía plena.

Así, como en todo ejercicio cognoscitivo, se debe partir de la experiencia y, concretamente, de lo que cotidianamente entendemos por *soledad* y *compañía.* Por un lado, la soledad es la

---

[72]   ORTEGA Y GASSET, J. (1929). *¿Qué es filosofía?* (8ª ed., pp. 147-148). Alianza Editorial.

«carencia […] de compañía» (DRAE) y, por otro lado, la compañía es la «persona o personas que acompañan a otra u otras» (DRAE). Esto parece evidente: me siento solo cuando no tengo a nadie; es decir, no cuando no tengo nada, sino a nadie; esto es, a ninguna persona o semejante y, si lo que hace compañía es un animal, por ejemplo, se trata de uno que se ha domesticado; es decir, que ha sido, en cierto modo, personificado.

En este sentido, parece que algo tiene que tener la persona o, con ella, su personalidad para que, captada por el sujeto, le haga sentir compañía. Efectivamente, es la personalidad misma lo que el sujeto capta y es en el encuentro con esta donde radica la compañía.

4.2. LA PROYECCIÓN EXTERNA DE LA PERSONA

4.2.1. El reconocimiento de la subjetividad o dignidad del otro

Decía Robert Spemann, a quien explica sintéticamente Fernando Simón Yarza, que la persona es un misterio que se presenta ante nosotros como un *algo* que remite necesariamente a un *alguien* y que «la identidad hacia la que trascendemos [—el alguien tras el algo—] no se nos da nunca inmediatamente, sino que ha de ser aceptada y reconocida en la naturaleza que se exterioriza»[73]. Dicho de otro modo, la persona aparece ante nosotros como una cosa más en este mundo y somos nosotros

---

[73] YARZA, F. S. (2022). *Jurisdicción constitucional y derechos fundamentales. Lineamientos* (p. 28).

quienes reconocemos en ella su subjetividad o dignidad. Esto se debe a que, en la proyección externa, el sujeto conoce —si bien de modo teórico o abstracto, como tendremos ocasión de matizar— la personalidad en sentido restringido o necesario, que se corresponde con la naturaleza humana y es lo que se exterioriza. No conoce la dignidad, que es una facultad que, aunque se *es*, integra la naturaleza humana, sino que la dignidad la reconoce, pues es ese el alguien que existe tras el algo que se exterioriza, siendo esto segundo la naturaleza humana o personalidad en sentido restringido o necesario. Ahora bien, resulta que el conocimiento de la naturaleza humana llama al reconocimiento de la dignidad del hombre, por cuanto, como veremos, el fundamento próximo de la dignidad es la unicidad de la persona. En otras palabras, sucede que, siendo la personalidad en sentido restringido o necesario común a todos los hombres, pues la antropología es una y la misma en todo tiempo y lugar, el sujeto se ve a sí mismo en el otro y, consecuentemente, reconoce su dignidad. El reconocimiento de la dignidad, por tanto, parte del conocimiento de la naturaleza humana de la que es portador el otro; pero sucede después de que el sujeto, viéndose a sí en el otro, regresa a sí mismo para, conociendo en su intimidad la dignidad, poder reconocerla en el otro.

El proceso es, en definitiva, el siguiente: el sujeto conoce la personalidad en sentido restringido o necesario en el otro, lo que le conduce a uno mismo. En sí mismo, conoce su intimidad y es fruto de ello que reconoce la dignidad en el otro. Esto se debe, en parte, a que, como anotábamos en el capítulo anterior, el sujeto tiene primero conciencia de la circunstancia —en este caso, el otro—; pero el ser de la circunstancia depende del ser del yo —y el del yo, de la circunstancia; pero ya veíamos que, por ser el quehacer de la vida más importante decidir en cada momento qué vamos a ser, el yo ocupa un papel primero o fundamental—, por lo que tiene que volver sobre sí mismo para poder reconocer la dignidad del otro, pues no puede reconocer lo que no conoce de antemano. Además, resulta que la dignidad únicamente puede conocerse en la intimidad o respecto de uno mismo, dado que su fundamento próximo es la unicidad de la persona. En otras palabras, en el otro reconozco lo que en mí descubro, desvelo o conozco. Esto se explicará más detalladamente al ver la proyección interna; pero, por el momento, nos basta con esta aclaración.

Así las cosas, el acto de liberalidad que entraña el reconocimiento de la dignidad o subjetividad del otro implica necesariamente verse reflejado en él, por cuanto supone la captura de la antropología humana, que es lo que tienen en común el sujeto que reconoce y el sujeto cuya dignidad o subjetividad es reconocida.

4.2.2. El reconocimiento de la subjetividad o dignidad del otro como acto de liberalidad que es, sin embargo, exigencia metafísica. El Derecho como exigencia metafísica

Este acto de reconocimiento de la subjetividad o dignidad del sujeto ajeno es una liberalidad; o sea, un acto que el sujeto que reconoce lleva a cabo en ejercicio exclusivo de su libertad. Ahora bien, no es una liberalidad arbitraria, aleatoria o caprichosa, sino que constituye una exigencia metafísica y la razón de ello estriba en el hecho de que el Derecho es también exigencia metafísica.

El Derecho es exigencia metafísica en el sentido de que no es una mera construcción humana, sino que nace, como imperativo, como consecuencia del modo en que la realidad es. Para explicar esta cuestión, diferenciaremos, por un lado, (a) el Derecho objetivo, como ordenamiento jurídico o conjunto de preceptos o materiales normativos —estos están integrados por reglas, principios, conceptos jurídicos y estándares jurídicos— y, por otro lado, (b) el derecho subjetivo, como esfera de poder de la persona, que puede ser, conforme a la tipología clásica, (i) de libertad, si impone a otro sujeto una obligación de abstención en la intromisión, o (ii) prestacional, si obliga a otro sujeto a la realización de una determinada prestación en favor del sujeto titular del derecho.

Por un lado, el Derecho objetivo se asienta sobre la antropología, porque emana de la propia sociabilidad humana, cuando las relaciones entre los particulares hacen surgir conflictos y el hombre advierte que es necesaria una herramienta que le ayude a prevenirlos y, en caso de que se produzcan, resolverlos. Incluso en el caso de que el hombre fuera un ser «angelical», postulaba Raz, dada la libertad que le es inherente, requiere de normas en torno a las cuales ordenar su conducta[74], de entre las que se encuentran las normas legales, especialmente importantes por su fuerza deóntica; es decir, por su capacidad para obligar.

Por otro lado, es posible una consideración aún más radical del origen del Derecho, ahora en atención al origen del derecho subjetivo, teniendo en cuenta que los conflictos ocasionados fruto

---

[74] NINO, C. S. (1973). *Introducción al análisis del Derecho* (2ª ed., p. 104). Editorial Astrea.

de la sociabilidad humana surgen cuando uno es despojado de lo suyo; esto es, de su derecho. Los derechos existen porque, en la naturaleza, las cosas están repartidas y, fruto de este reparto, surgen un *lo suyo, lo tuyo* o *lo mío;* o sea, el derecho de cada cual. De aquí que Javier Hervada diga que, «habiendo derechos, existe el arte del [D]erecho».

> ¿Por qué ha nacido el arte del Derecho? [...] Todo arte responde a una necesidad [...] ¿Cuál es la necesidad que satisface el arte del Derecho, de qué hecho social o factor de la vida humana depende? [...]
>
> ¿Qué plantea el letrado del actor, esto es, de quien interpone una petición —una demanda— ante el juez o tribunal? [...] Sencillamente, se pide que el juez dicte sentencia, que diga con autoridad —una sentencia es un dicho y sentenciar equivale a decir— qué es lo que corresponde a cada una de las partes del procedo judicial [...].
>
> *Lo suyo,* lo de cada uno, este es el objeto del saber del jurista. A la cosa de cada uno —a lo suyo— le llamamos *derecho,* el derecho de cada cual; de donde determinar lo suyo, lo de cada uno, es determinar el derecho. El arte de *lo suyo,* de lo de cada uno, es el arte del derecho [...] De donde resulta que *lo suyo, lo justo* y *derecho* son tres modos de nombrar lo mismo.
>
> [...] El aspecto de la vida social a la que el arte del derecho responde nos viene dado por cuanto acabamos de exponer. Si hay cosas que corresponden a uno o a otro, si hay cosas suyas —de cada uno—, si lo justo o derecho son cosas que pertenecen a sujetos determinados, es claro que ello obedece a que no todo es de todos o, dicho de otra manera, a

que las cosas están repartidas [...] *Lo suyo,* la atribución de las
cosas —el derecho— no deriva de la escasez de los bienes, sino
de otra cosa distinta: el hombre se mueve en las dimensiones
de cantidad y espacio e igualmente ocurre con las cosas de las
que se sirve. En otro orden, el hombre es finito y la sociedad
humana implica una división de funciones y tareas [...] La
vida humana exige que *las cosas* —bienes, funciones, cargas,
etc.— *estén repartidas* y, en consecuencia, atribuidas a distintos
sujetos: de ahí nace lo mío, lo tuyo, lo suyo.

[...] Que no todo esté atribuido a todos es una necesidad
social, que da origen al hecho de que las cosas estén repartidas. Y, al estar las cosas repartidas, hay derechos. Habiendo
derechos, existe el arte del derecho [...] El derecho es un
artículo de primera necesidad[75].

Como se ha dicho, el Derecho se asienta sobre la antropología humana, pues emana de la sociabilidad del hombre y, no
solo esto, sino que es necesario para que exista, ordenadamente,
dicha sociabilidad. De este modo, siendo el hombre radicalmente
social y *zoon politikón* (Aristóteles); esto es, ser político, da la mano
al Derecho necesariamente: donde hay hombre, hay sociedad y
donde hay sociedad, hay un Derecho.

Partiendo de esta consideración, debe saberse que la medida
del Derecho es la dignidad humana, en tanto que es la respuesta
racional que se da, como corolario lógico, a la resolución de los
conflictos, cuando el hombre reconoce, en virtud del acto de

---

[75]   HERVADA, J. (2008). *¿Qué es el derecho?* (3ª ed., pp. 30-37). EUNSA.

liberalidad del que hablábamos, que lo tiene ante sí es otro *sui iuris* o persona digna, y no un *alieni iuris.*

Esta misma idea la expresa magistralmente, siguiendo a Sergio Cotta, Pedro Serna en *El derecho a la vida.*

> [...] Hablar de Derecho supone referirse a una forma de coexistencia entre los seres humanos que sustituye la fuerza por el reconocimiento. Reconocimiento que nace de la constatación de la co-presencia de los otros hombres desde el inicio mismo del despliegue de la propia actividad, impulsada por la voluntad de ser y de plenitud que está en la base de la acción humana. Dicho reconocimiento supone, como ha señalado magistralmente Sergio Cotta, lo siguiente: Primero, el otro es igual al yo en la capacidad de pretender para sí, según la propia verdad; segundo, el otro es también igual al yo en su capacidad de intentar la pretensión, lo cual sitúa al yo en el plano de la comunicación y del diálogo, en la medida en que trasciende la propia verdad subjetiva; tercero, el otro es igual al yo en la capacidad de intentar, mediante el diálogo, una verdad común; y cuarto, el otro es igual al yo en la capacidad de intentar la obligatoriedad de la regla sobre la verdad común. Por tanto, la pretensión se convierte en derecho (subjetivo) cuando se transforma y se armoniza, movida por el reconocimiento del otro, a través de la formulación de una regla de Derecho (objetivo) basada en la verdad común alcanzable mediante el diálogo [...].
>
> [...] La dignidad de las personas postula una coexistencia basada en el reconocimiento, pero no necesariamente en la simpatía. Esa forma de coexistencia, en tanto que exigida por

la dignidad de las personas, aparece estrictamente universal. Eso es el Derecho. El Derecho como forma de coexistencia es, pues, una exigencia de la dignidad de la persona, y una consecuencia de su libertad y de su racionalidad, que se expresa en la aludida capacidad de reconocimiento de la igualdad del otro, de la alteridad [...][76].

En definitiva, si el Derecho existe donde hay sociedad y hay sociedad donde hay hombre, y la medida del Derecho es la dignidad, el acto de liberalidad de reconocimiento de la subjetividad o dignidad del otro sujeto es exigido metafísicamente del mismo modo en que es exigencia metafísica que haya Derecho donde hay hombre. Consecuentemente, el acto de liberalidad se sigue necesariamente por ser el sujeto al que se le reconoce dignidad una persona y, si bien se le puede negar la subjetividad, tal negación es contraintuitiva y opuesta a la naturaleza humana. De aquí que el derecho sobre el que se fundamentan el resto de derechos humanos sea, conforme al artículo VI de la Declaración de Derechos Humanos, «[el] reconocimiento de [la] personalidad jurídica», pues allá donde no hay persona o, habiéndola, no se la reconoce como tal, no existe medida sobre la que asentar el Derecho.

Habrá quienes, en este punto, digan que lo expuesto es falso, porque son muchas las ocasiones en las que se han negado los derechos fundamentales de determinados grupos sociales, como sucedió en la Alemania nazi. En este sentido, podría argumentarse

---

[76] SERNA, P., (1998). «El derecho a la vida en el horizonte cultural europeo de fin de siglo». En C. I. MASSINI y P. SERNA (Eds.), *El derecho a la vida* (pp. 29-30 y 32). EUNSA.

que en la Alemania nazi los judíos no eran considerados personas
y, como tal, se les negaron todos los derechos fundamentales, co-
menzando por el derecho a la vida. Si bien esto es cierto, lo es más
que, por mucho que no fueran considerados personas, no dejaban
de serlo y es por ello que lo sucedido en el régimen nazi es hoy,
a los ojos de toda persona sensata, antinatural. Y es que, aunque
les pese a los relativistas, las cosas, como se dice de los contratos,
«son lo que son, según su naturaleza […] y no lo que las partes
dicen que son»[77]. En otras palabras, si bien el ser —en este caso,
la dignidad de la persona— puede negarse, pues la posibilidad
abarca la infinidad, el ser sigue siendo ser, dado que su negación
o reconocimiento no son constitutivos, sino declarativos de lo
que, previamente, existe.

4.2.3. La compañía en el acto de reconocimiento de la subjetividad o personalidad del otro

Todo esto nos sirve para entender por qué el sujeto no siente
soledad cuando está con otros sujetos: porque conoce la naturaleza humana o personalidad en sentido restringido o necesario,
lo que provoca en él un viaje de regreso sobre sí mismo, pues la
antropología la comparten todos los hombres, lo que hace que,
viéndose a sí mismo en el otro, le reconozca dignidad. Dicho de
otro modo, habiendo otra persona, hay compañía. Esta compañía
radica, ahora, en la persona ajena a uno, la cual es conocida como
tal persona por uno mismo, quien conoce en él la naturaleza
humana —si bien teóricamente o en abstracto— y, al verse en

---

[77]   STS n.° 693/2019, de 18 de diciembre de 2019.

el otro, ve el alguien que hay tras el algo; esto es, le reconoce dignidad. Este verse a sí mismo en el otro, que radica en la captura de la personalidad en sentido restringido o necesario, es la clave de la compañía en el acto de reconocimiento de la subjetividad o dignidad ajenas.

En otras palabras, la compañía radica, en último término, en la captura de la personalidad en sentido restringido o necesario y, concretamente, en el verse uno mismo en el otro, fruto de lo cual tiene lugar el reconocimiento de la dignidad de la persona del otro.

A esto que acabamos de desarrollar lo llamaremos, de aquí en adelante, *proyección externa del sujeto*. Además del modo en que se ha descrito, el sujeto también puede proyectarse internamente.

4.3. LA PROYECCIÓN INTERNA DE LA PERSONA

4.3.1. Concepto y similitudes y diferencias con la proyección externa

La proyección interna del sujeto es, como lo era la proyección externa, un acto de verse o conocerse. Ahora bien, en la proyección interna, el sujeto se conoce sin necesidad de otra persona —tal y como entendemos el término *persona;* o sea, como miembro de la raza humana— o por sí mismo, en un ejercicio de interiorización o descubrimiento de su intimidad.

Tanto la proyección externa como la proyección interna son actos cognoscitivos   la cognoscibilidad es una de sus notas, si bien no se agotan en ser actos cognoscitivos—, en los que el objeto que se conoce en la proyección externa es la personalidad en sentido restringido o necesario, mientras que el objeto de la proyección interna es la intimidad o personalidad en sentido amplio o accidental, que consiste en la adición de los elementos necesarios de la personalidad —los que hacen de la persona *persona* o personalidad en sentido restringido o necesario— más los elementos accidentales de la personalidad —los que diferencian a una persona de otra—.

El objeto que se conoce fruto de la proyección interna es, por tanto, más amplio que el objeto de conocimiento de la proyección externa. En otras palabras, en la proyección externa el sujeto se conoce como *persona* y en la proyección interna, como *yo*.

4.3.2. La compañía en la proyección interna

Considerando lo anterior, si hacía compañía la captura de la personalidad en el otro, debe hacer también compañía la captura de la intimidad en el yo.

En consecuencia, cuando el alma se queda sola, no lo está realmente, pues el sujeto no está solo, sino con su intimidad; es decir, con aquella personalidad en que radicaba la compañía en el plano de la proyección externa y un conjunto de caracteres más específicos que determinan su unicidad. Es más, no solo está el sujeto con su intimidad, sino también con Dios, dado que, en el encuentro con su intimidad, se da necesariamente el encuentro con Dios.

De hecho, es bien conocido que una cosa es estar solo y otra bien distinta, sentirse solo. Si bien la expresión no es, en los términos en que tratamos, exacta, puede ser útil para dibujar la idea que se quiere defender ahora.

La pregunta siguiente es: ¿y dónde queda exactamente Dios o, dicho de otro modo, de qué manera se encuentra el hombre necesariamente con Dios cuando aprehende su intimidad?

4.3.3. La relación con Dios como inclinación o exigencia metafísica que permite resolver positivamente el acto de liberalidad de reconocimiento de la intimidad

Dios es el soporte del acto de liberalidad de captura de la intimidad o, dicho de otro modo, la exigencia metafísica que permite, en la proyección interna, resolver positivamente dicho acto de liberalidad. Esto se explica mejor partiendo de la proyección externa, dado que, siendo análoga a la proyección interna, comparten una misma estructura.

Como se ha dicho, el sujeto siente compañía al capturar la personalidad y, en la proyección externa, esta captura de la personalidad conlleva un acto de liberalidad particular, pues es libre; pero de exigencia metafísica, asentándose la exigencia metafísica de reconocimiento de la subjetividad del otro en la necesaria existencia del Derecho y, en última instancia, en la sociabilidad humana o «[inclinación natural] al trato y relación con las personas» (DRAE), que es la exigencia metafísica que lo resuelve positivamente. La sociabilidad, que se articula como fundamento último del acto de reconocimiento de la subjetividad o dignidad y, por tanto, de la proyección externa, debe estar también presente en la proyección interna, pues, de lo contrario, ¿qué inclina al hombre a la captura de su intimidad o cuál es la exigencia metafísica que resuelve positivamente este acto de liberalidad?

A estos efectos, véase que también en la proyección interna debe darse tal acto de liberalidad, dado el acto de liberalidad del que hablamos consiste, en la proyección externa, en el reconocimiento de la dignidad del otro, lo cual acontece necesariamente tras la proyección interna. Como decíamos, para poder reconocer la dignidad del otro, previamente ha tenido lugar el conocimiento de la naturaleza humana o personalidad en sentido restringido o necesario, de modo abstracto o teórico, lo cual ha ocasionado un viaje de regreso del sujeto a sí mismo y es fruto del conocimiento de uno mismo o, en otras palabras, del conocimiento de la dignidad, lo cual solo acontece verdaderamente en la intimidad, que el sujeto puede reconocer la dignidad en la persona ajena a él. Esto es sencillo y es que ¿cómo puede el hombre reconocer en otro lo que no conoce previamente? De algún modo, la dignidad, para poder reconocerla en el otro, debe conocerse previamente —como poco, debe ya contarse con ella—. El hecho de que la dignidad se conozca necesariamente en la intimidad se debe, como después tendremos ocasión de desarrollar más en detalle, al hecho de que su fundamento próximo es la unicidad de la persona y, concretamente, a que el conocimiento de la naturaleza humana en la proyección externa es un ejercicio que sucede de modo teórico o abstracto, dado que la unicidad de la persona, que es la verdadera persona, únicamente puede conocerse en la propia intimidad, lo que hace que, si el reconocimiento de la subjetividad del otro es exigencia metafísica, con más sentido y necesariamente, deba serlo también el conocimiento de la intimidad en la proyección interna. De lo contrario, no conocería el hombre la dignidad y, consecuentemente, no podría reconocerla en el otro; pero resulta que el reconocimiento de la dignidad en el otro es una exigencia metafísica, por lo que el conocimiento de la propia intimidad debe serlo también.

En este contexto, la exigencia metafísica[78] debe entenderse como una determinada inclinación que resuelve favorablemente el acto de liberalidad. Por un lado, es una inclinación, porque la proyección externa, como se ha desarrollado *ut supra,* se funda en la sociabilidad humana y, como se ha definido, la sociabilidad es una inclinación: en la proyección externa, el hombre reconoce subjetividad o dignidad al otro sujeto como consecuencia de una inclinación natural a él, fruto de su sociabilidad. Por otro lado, resuelve favorablemente este acto de liberalidad, porque es aquello que hace que este, si bien se da fruto del ejercicio de la libertad humana, sea exigencia metafísica; o sea, obligado por la realidad de las cosas. Así las cosas, la exigencia metafísica o inclinación que resuelve favorablemente el acto de liberalidad de reconocimiento de la subjetividad o dignidad del otro es la sociabilidad humana. Esta inclinación es, como hemos dicho, la que tiene por objeto «el trato y relación con las personas» (DRAE) o, dicho de otro modo, se funda en la relación entre las personas, siendo la persona lo más elevado que puede encontrar, como circunstancia, el hombre en el mundo o *res extensa.*

Paralelamente, la proyección interna debe apoyarse en su correspondiente inclinación, pues ya se ha explicado que debe también darse en ella el acto de liberalidad y que este

---

[78] Sin embargo, cuando se decía que el acto de liberalidad es exigencia metafísica, se decía que es *de* exigencia metafísica; es decir, no se hablaba en este sentido, sino que se defendía que es exigencia de la realidad de las cosas; o sea, que responde a lo que las cosas son. Ahora bien, el acto de liberalidad es de exigencia metafísica porque lo es el Derecho y todo ella radica en la sociabilidad humana, que se presenta como la inclinación o exigencia metafísica que lo resuelve favorablemente.

también debe ser aquí exigencia metafísica. De este modo, esta inclinación no puede ser menos elevada que la que acontece en la proyección externa, dado que la proyección interna no tiene lugar en el mundo o *res extensa,* sino en lo que Ortega y Gasset llamaba «la soledad del alma» o, propiamente dicho, en la intimidad del sujeto. Así las cosas, cuando el sujeto se proyecta internamente, decía Ortega y Gasset que se despoja del mundo y, con él, de su cuerpo; esto es, de toda *res extensa,* y se queda con lo único de lo que no puede huir: su intimidad. Aquí debe existir, como venimos diciendo, una exigencia metafísica o inclinación que haga que el sujeto capture su intimidad y se reconozca, ahora no como persona, sino como yo. Si la inclinación de la proyección externa se funda en la relación entre las personas y la persona es lo más elevado que puede el hombre encontrar, como circunstancia, en el mundo, la inclinación de la proyección interna debe fundarse en la relación con otro ser, el cual debe ser ahora, como poco, igual de elevado como lo es el otro, para uno mismo, en el mundo. Ahora bien, si tratamos de buscar al otro en la intimidad, no lo vamos a encontrar, dado que la intimidad es el yo, por lo que debe tratarse de otro tipo de entidad. Esta entidad, en cuya relación con nosotros se funda la inclinación que permite resolver favorablemente el acto de liberalidad de conocimiento de la intimidad, donde se conoce la subjetividad o dignidad, únicamente puede ser la deidad, de entre otras razones, tal y como seguidamente se explicará, porque, como *res infinita* que es, es lo único más elevado al hombre que puede existir en su intimidad.

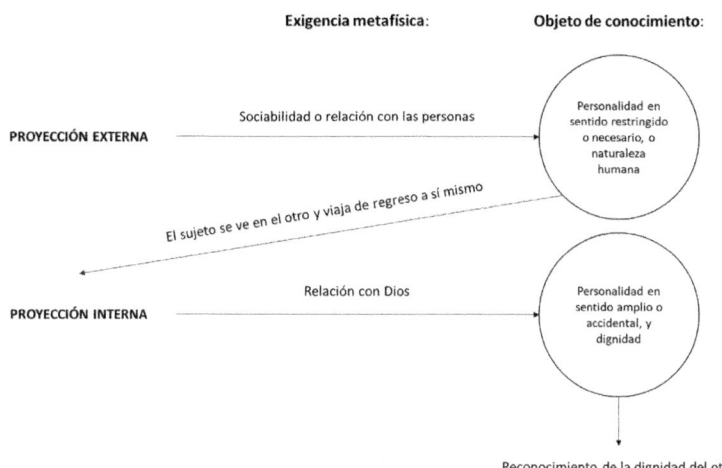

Asimismo, nos encontramos con que, tal y como explicábamos en el capítulo anterior, siguiendo a Ortega y Gasset, la vida es el yo y la circunstancia, de modo que el sujeto nunca está solo; esto es, nunca hay, en la vida de cada cual, solo yo, sino que siempre hay también circunstancia.

El hombre al encontrarse no se encuentra en sí y por sí, aparte y solo, sino, al revés, se encuentra siempre en otra cosa, dentro de otra cosa (la cual, a su vez, se compone de muchas otras cosas). Se encuentra rodeado de lo que no es él, se encuentra en un contorno, en una circunstancia, en un paisaje. En el idioma vital de nuestra vida más vulgar solemos llamar a la circunstancia, en general, mundo. Digamos pues, que siempre que me encuentro, me encuentro en el mundo [...][79].

La captura de la intimidad no puede suponer un desprenderse de la circunstancia en sentido estricto, porque, como cualquier otro quehacer, se realiza en la vida, lo que conlleva que también haya en ella una circunstancia. En otras palabras, la captura de la intimidad es la captura del yo; pero, como es un quehacer de la vida, debe el yo estar en relación con una circunstancia también en este momento. Así, resulta que, en la captura de la intimidad, el sujeto se desprende de todo lo externo a él; pero lo externo no es, en los términos en que ahora hablamos, la circunstancia, sino el mundo o *res extensa*. Dios es, en la dicotomía yo/circunstancia, una circunstancia; pero no es externo al sujeto o *res extensa,* sino ajeno al sujeto y, concretamente, *res infinita*. Es, por tanto, la circunstancia con la que el hombre está en relación cuando captura su intimidad y, consecuentemente, es la relación con Dios la inclinación o exigencia metafísica que buscábamos en la proyección interna. Si ponemos esto en relación con lo defendido en el segundo capítulo, veremos que Dios, como *res infinita,* es la única circunstancia que puede encontrarse en la intimidad, dado que el resto de circunstancias, como *res extensa,* están sujetas a la altura, anchura y profundidad, y ya dijimos que en la intimidad se manifestaba la libertad de conciencia, libre por no estar sujeta al mundo —entendido aquí como *res extensa* y no como circunstancia o conjunto de todas ellas, que es el modo

---

[79] ORTEGA Y GASSET, J. (1934). *Unas lecciones de metafísica* (2ª ed., p. 79). Alianza Editorial.

en que nos lo encontramos en la filosofía de Ortega y Gasset, con lo cual no quiere decirse que sea erróneo, sino que puede llevarnos a confusión—.

4.4. DIOS COMO FUNDAMENTO DE LA DIGNIDAD

4.4.1. Planteamiento

No se piense que esto es una mera articulación retorcida de las palabras, sino que es corolario lógico del razonamiento seguido sobre los axiomas que se han venido demostrando.

Llegados a este punto, nos queda todavía una pregunta por resolver: ¿por qué la dignidad únicamente puede conocerse en la intimidad y qué relación guarda ello con el hecho de que el conocimiento de la intimidad conlleve la relación o encuentro con Dios? Recordemos, en este sentido, que la dignidad no se conoce en la proyección externa, sino que se reconoce entonces. Donde se conoce la dignidad es la proyección interna o aprehensión de la propia intimidad.

La respuesta a esta pregunta pasa por entender que Dios es el único y posible fundamento remoto de la dignidad humana, para lo cual se seguirá la tesis de Pedro Serna, defendida en *El derecho a la vida,* fruto de lo cual podrá entenderse definitivamente por qué se encuentra a Dios en el encuentro con la intimidad y por qué, tal y como se afirmaba, Dios es la única circunstancia que puede existir, junto con el yo, en la proyección interna, siendo la relación entre ambos la inclinación o exigencia metafísica que permite resolver positivamente el acto de liberalidad de reconocimiento de la intimidad.

4.4.2. Tesis de Pedro Serna

En la obra *El derecho a la vida,* Pedro Serna, además de exponer una crítica a las diferentes concepciones y fundamentos modernos de la dignidad del hombre, defiende que el Absoluto es el único y verdadero fundamento de la dignidad humana, pues todo otro atributo despoja a la dignidad de su carácter absoluto —recordemos, ahora, que mientras la dignidad y la libertad de conciencia eran facultades que se *son,* otros atributos humanos son facultades que se *tienen* y, consecuentemente, facultades relativas o potenciales—, que es su rasgo fundamental, y hace de ella un mero atributo relativo, ya no apto para ser la medida del Derecho.

Pedro Serna comienza describiendo, muy acertadamente, que «la idea de la dignidad del hombre exige un respeto incondicionado, o absoluto, hacia el ser humano»[80]; esto es, que la idea de la dignidad humana conecta con la idea kantiana del hombre como fin en sí mismo —y no como medio—. Siendo esto así, argumenta Pedro Serna que el fundamento de la dignidad debe ser, necesariamente, absoluto, pues todo fundamento que sea relativo lleva a la afirmación de un valor, también relativo; pero no de la dignidad como Bien absoluto.

Seguidamente, critica las tesis de la autonomía y la libertad como fundamentos de la dignidad. Ahora bien, se hace preciso matizar que esa libertad de la que habla no es lo que se ha calificado en este libro como *libertad de conciencia,* sino que Pedro Serna pone el foco en la libertad como libertad de actuación

---

[80] SERNA, P., (1998). «El derecho a la vida en el horizonte cultural europeo de fin de siglo». En C. I. MASSINI y P. SERNA (Eds.), *El derecho a la vida* (p. 55). EUNSA.

y, precisamente, critica la idea de la libertad desnaturalizada u omnímoda; o sea, aquella que está separada del hombre y de su vínculo constitutivo con la verdad. Entiende, en definitiva, que la libertad no es, sencillamente, «hacer lo que a uno se le ponga en gana», sino que responde necesariamente a una naturaleza.

> Por lo que se refiere al concepto de libertad a que se ha hecho referencia, conviene poner de relieve que se trata de una libertad desnaturalizada, separada del propio hombre y de todo vínculo constitutivo con la verdad […] Se trata de una libertad desarraigada que ha perdido, por una parte, la orientación y, por otra, la justificación. Ha dejado de ser un bien, para convertirse en un valor, que será reivindicado en y desde sí mismo y, por ello, carecerá de límites, pero también de fundamento […].
>
> […] La existencia sin esencia postula una libertad que, en palabras del personaje de Sartre, se asemeja un poco a la muerte. Es la amarga experiencia del existencialismo. En efecto, si no hay naturaleza, cualquier uso posible de la libertad será correcto; no será necesario —aunque tal vez tampoco fuese posible— orientar la libertad en ningún sentido; pero el sujeto tampoco será capaz de reconocerse en ninguna de sus elecciones libres, pues ninguna le podrá perfeccionar […][81].

Como se puede apreciar, nada tiene que ver la libertad objeto de la crítica de Pedro Serna con la libertad de conciencia, dado que

---

[81] SERNA, P., (1998). «El derecho a la vida en el horizonte cultural europeo de fin de siglo». En C. I. MASSINI y P. SERNA (Eds.), *El derecho a la vida* (pp. 47-49). EUNSA.

esta segunda, a diferencia de la primera, sí responde a una naturaleza y, concretamente, a la misma naturaleza humana, siendo, además, no una mera facultad que se *tiene,* sino una facultad que se *es.*

Finalmente, propone un nuevo fundamento de la dignidad: el Absoluto. El autor defiende que «solo en la relación del hombre con el Absoluto puede fundarse una dignidad absoluta»[82] y que la dignidad no puede fundarse en «ninguna propiedad que pueda descubrirse en el ser humano»[83], pues «la dignidad que resulta accesible, [bajo ese prisma], es solo una dignidad relativa»[84]. Asimismo, matiza que el foco de la relación entre el hombre y el Absoluto debe ponerse en el Absoluto y no en el hombre, dado que «la dignidad situada en el ámbito de los fines lleva consigo necesariamente la indignidad de quienes no orienten su existencia al logro y consecución de esos fines»[85], que serían, en este caso, la apertura y alcance de la relación con el Absoluto. Poner el foco en el Absoluto, para Pedro Serna, consiste en contemplar «la naturaleza racional del hombre desde las coordenadas de la metafísica de la creación»; esto es, entender que el ser humano, como creación divina, es *res sacra* y, por tanto, digno o, lo que es lo mismo, querido en sí mismo o como fin en sí mismo, pues está orientado a «entablar una relación personal (conocimiento y voluntad) con Dios»[86].

---

[82] SERNA, P., (1998). «El derecho a la vida en el horizonte cultural europeo de fin de siglo». En C. I. MASSINI y P. SERNA (Eds.), *El derecho a la vida* (p. 65). EUNSA.
[83] SERNA, P., (1998). «El derecho a la vida en el horizonte cultural europeo de fin de siglo». En C. I. MASSINI y P. SERNA (Eds.), *El derecho a la vida* (p. 65). EUNSA.
[84] SERNA, P., (1998). «El derecho a la vida en el horizonte cultural europeo de fin de siglo». En C. I. MASSINI y P. SERNA (Eds.), *El derecho a la vida* (p. 65). EUNSA.
[85] SERNA, P., (1998). «El derecho a la vida en el horizonte cultural europeo de fin de siglo». En C. I. MASSINI y P. SERNA (Eds.), *El derecho a la vida* (p. 66). EUNSA.
[86] SERNA, P., (1998). «El derecho a la vida en el horizonte cultural europeo de fin de siglo». En C. I. MASSINI y P. SERNA (Eds.), *El derecho a la vida* (p. 67). EUNSA.

[…] El ser humano es fin en sí mismo porque no ha sido creado por mor de ningún otro ser, sino por sí mismo, en orden a entablar una relación personal (conocimiento y voluntad) con Dios. «Fin en sí mismo» no es otra cosa que «querido por sí mismo», y no en función de otro ser […].

[…] Todo ello nos sitúa necesariamente más allá del plano puramente ontológico, nos transporta a un ámbito metafísico-teológico […], pues si la dignidad postula un respeto absoluto, debe ser fundada en un absoluto, y el estatuto epistemológico de esta noción es metafísico-teológico. […] La teología que basta para fundar la dignidad no requiere el recurso al dato revelado, esto es, puede construirse sin fe religiosa[87].

Llegados a este punto, habrá quienes encuentren en mi argumentación una regresión al infinito: se trata de demostrar la existencia de Dios —o sea, se trata de explicar por qué el hombre encuentra a Dios en el encuentro con su intimidad y por qué, más concretamente, Dios es la inclinación que permite resolver positivamente el acto de liberalidad de reconocimiento de la intimidad— partiendo de la misma existencia de Dios, pues el fundamento de la dignidad es el Absoluto y la explicación de ello pasa por considerar que la creación es obra divina.

Esta crítica es, cuanto menos, pertinente; pero peca en no considerar que la argumentación que se expone en este capítulo a favor de la existencia de Dios constituye la exposición sobre el modo en que el hombre encuentra a Dios, lo que implica, de

---

[87] SERNA, P., (1998). «El derecho a la vida en el horizonte cultural europeo de fin de siglo». En C. I. MASSINI y P. SERNA (Eds.), *El derecho a la vida* (pp. 67-68). EUNSA.

suyo, exponer un argumento en favor de su existencia, pues solo puede conocerse lo que existe o, en sentido contrario, existe lo que puede ser conocido. Ahora bien, como el lector crítico muy bien podría anotar, terminar la argumentación con lo señalado hasta ahora conlleva una regresión al infinito. Consecuentemente, se hace preciso exponer otros argumentos en favor de la existencia de Dios, los cuales deben partir, a diferencia de la exposición de este capítulo, no de la antropología o, en otras palabras, del propio ser humano, sino de la metafísica; esto es, de la consideración de Dios, ya no en una relación personal con el sujeto, sino como sustancia metafísica o res infinita. Para ello, se seguirá la primera línea argumental expuesta por Edwar Feser en *Five Proofs of the Existence of God,* una versión radical —porque va a la raíz de la existencia— de la primera vía de Santo Tomás de Aquino y, como tal, una argumentación de corte aristotélico.

4.4.3. Tesis de Edwar Feser: la existencia de Dios como sustancia metafísica o *res infinita* cartesiana

El argumento que ahora se expone en favor de la existencia de Dios no es propio, sino del filósofo y profesor Edwar Feser, quien lo desarrolla en su obra *Five Proofs of the Existence of God*[88].

Una correcta comprensión del argumento requiere conocer primero las categorías aristotélicas de *acto* y *potencia,* y qué es, bajo estas categorías, el cambio. De modo muy sencillo, el acto aristotélico es lo que la cosa es, mientras que la potencia es lo que

---

[88]   En este epígrafe, se ha seguido la tesis expuesta en FESER, E. (2017). *Five proofs of the existence of God* (pp. 17-68). Ignatius Press.

la cosa puede llegar a ser. Por ejemplo, en el momento presente, yo soy una persona de pelo castaño; pero potencialmente soy una persona rubia, pues puedo teñirme. Aristóteles decía que el ser se dice de muchos modos y, en este sentido, la cosa puede ser tanto en acto como en potencia, si bien es de modos diferentes. Así las cosas, el cambio consiste en la actualización de una potencia: si paso de ser una persona castaña a ser una persona rubia, ha habido un cambio y ese cambio ha ocurrido fruto de la actualización de la potencia de ser rubia. Ahora bien, deben tenerse presentes dos consideraciones: (a) que para que pueda haber cambio debe existir una potencia que pueda actualizarse y (b) que toda potencia debe ser actualizada por algo que se encuentre ya en acto —este es el principio de causalidad—. Ejemplificativamente, (a) no puedo cambiar de ser una persona castaña a ser un dinosaurio, porque no existe en mí la potencia de ser un dinosaurio, y (b) no puedo pasar a ser una persona castaña si, previamente, no son una persona en acto, pues es presupuesto del paso a ser una persona rubia que sea, en acto, una persona.

Tomando esto como punto de partida, el autor argumenta que, para que suceda un determinado cambio (C), es necesario, como ya se decía, que exista previamente algo en acto (S) que actualice una potencia, siendo la actualización de esta potencia el cambio. En este sentido, analizar la problemática radicalmente; o sea, desde la raíz, nos lleva a considerar que la existencia de (S) requiere que, como presupuesto, su potencia de existir esté actualizada, lo que exige, como sucedía antes, que otra cosa en acto (A) actualice la potencia de existir de (S). Entonces, sucesivamente, o bien la potencia de existir de (A) está siendo actualizada por otra cosa en acto o bien (A) es una sustancia puramente actual.

Llegados aquí, para poder continuar con la argumentación, es preciso introducir dos nuevos conceptos: (a) las series de causas accidentalmente ordenadas y (b) las series de causas esencialmente ordenadas. Estos dos tipos de series se diferencian en que, mientras las primeras pueden tener una regresión al infinito; esto es, extenderse infinitamente sin llegar jamás a señalar una primera causa, las segundas deben tener un primer elemento o causa. Para entender ambos conceptos, el autor emplea dos ejemplos muy ilustrativos. La serie accidentalmente ordenada la explica del siguiente modo: el café está frío, porque hace frío en la habitación, lo cual se debe a haber bajado la temperatura del aire acondicionado, que se explica porque hacía calor, que es consecuencia del sol, etc. La serie esencialmente ordenada responde al siguiente ejemplo: el café se sostiene, porque está apoyado sobre la mesa, que se sostiene porque la casa tiene un suelo, que se sostiene porque el edificio tiene unos pilares y todo ello acaba reposando en el suelo de la Tierra.

Como se aprecia, las series accidentalmente ordenadas tienen una proyección horizontal; o sea, temporal, mientras que las series esencialmente ordenadas no se proyectan en el tiempo, sino que responden a un dibujo vertical. Ejemplificativamente, si pensamos en el café frío del primer ejemplo en un momento determinado, el hecho de que esté frío se da en sí mismo, sin necesidad de que, simultáneamente, estén sucediendo el resto de causas anotadas: una vez el café se ha enfriado, frío se queda. Por el contrario, pensar en el café en el segundo ejemplo exige pensar en que esté sobre la mesa, que requiere considerar el suelo de la casa, los pilares y la Tierra, pues, de lo contrario, el café se caería, desparramaría y ya no habría más café. En este sentido, la mesa actualiza al café; el suelo, a la mesa; los pilares, al suelo y la

Tierra, a los pilares, y, como se puede apreciar, cada uno de estos elementos depende, en todo momento, del anterior en la serie de causas. En el primer ejemplo, por el contrario, en el momento en que el aire acondicionado ha enfriado la habitación, puede apagarse y la habitación continuará fría sin necesidad de tener el aire acondicionado encendido eternamente.

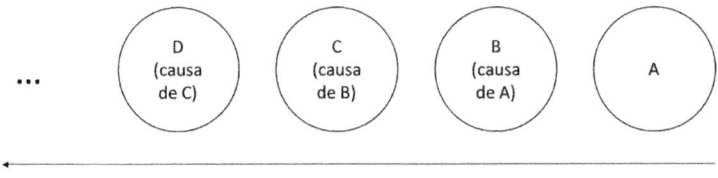

SERIE ACCIDENTALMENTE ORDENADA

SERIE ESENCIALMENTE ORDENADA

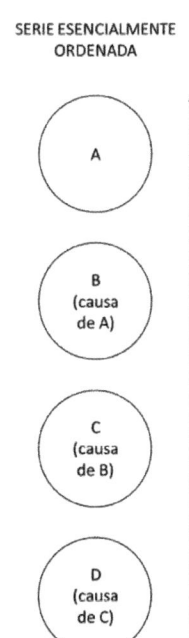

Así las cosas, cuando decimos que las series esencialmente ordenadas deben tener un primer miembro, elemento o causa no nos referimos a un primer momento, pues son series que no se extienden en el tiempo, horizontalmente, sino verticalmente y, en este sentido, el primer elemento debe ser uno que pueda producir sus efectos causales sin depender de otro anterior. En el ejemplo que veníamos manejando, la mesa no es el primer miembro, porque produce sus efectos causales —sujetar el vaso—, porque está siendo actualizada por el suelo, de donde deriva su poder causal. El primer miembro vendría a ser, en el ejemplo y a título meramente ilustrativo, la Tierra, que, simplemente, está y sujeta todo lo demás, no derivando su poder causal de nada anterior. Este primer elemento o causa es necesario, porque, en un aquí y ahora particulares, una serie esencialmente ordenada debe tener un primer miembro del que derive el poder causal del resto. Por el contrario, en las series accidentalmente ordenadas, cuando se considera un aquí y ahora, nos encontramos con que carecen de un primer miembro, pues permiten una regresión al infinito y no lo necesitan en ese aquí y ahora, dado que los miembros subsiguientes de la serie subsisten sin necesidad de que su poder causal derive de otro miembro anterior. En sentido opuesto, en las series esencialmente ordenadas, se requiere siempre que el poder causal esté derivando de un miembro anterior y, de este modo, debe haber un primer miembro del que derive el poder causal de todos los demás.

La diferencia entre las series esencialmente ordenadas y las series accidentalmente ordenadas es imprescindible para la correcta comprensión del argumento. De lo contrario, se cae en la simplista y errónea crítica de «¿y quién hizo a Dios?», tal y como lo hizo, de entre otros, Bertrand Russell.

[...] Se ve que el argumento de que tiene que haber una Primera Causa no encierra ninguna validez. (Puedo decir que cuando era joven y debatía muy seriamente estas cuestiones en mi mente, había aceptado el argumento de la Primera Cusa, hasta el día en que, a los 18 años, leí la Autobiografía de John Stuart Mill, y hallé esta frase: «mi padre me enseñó que la pregunta: "quién me hizo" no puede responderse, ya que inmediatamente sugiere la pregunta "quién hizo a Dios"». Esta sencilla frase me mostró, como aún pienso, la falacia del argumento de la Primera Causa. Si todo tiene que tener una causa, entonces Dios debe tener una causa. Si puede haber algo sin causa, igual puede ser el mundo que Dios, por lo cual no hay validez en ese argumento [...] La idea de que las cosas tienen que tener un principio se debe realmente a la pobreza de nuestra imaginación) [...][89].

Dicho esto, cuando decíamos que la existencia de (S) requiere que su potencia de existir esté siendo actualizada por otra cosa en acto (A), cuya potencia de existir o bien está siendo actualizada por otra cosa en acto o bien (A) es una sustancia puramente actual, nos encontrábamos con una serie esencialmente ordenada. Para apreciar esto, pensemos en la existencia de una cosa en un determinado momento. La existencia de una cosa es más próxima al ejemplo del café sobre la mesa que al ejemplo del café frío, pues nada tiene que ver con la temporalidad, sino con la existencia de la cosa aquí y ahora. Así, aquí y ahora, una cosa existe porque otra cosa en acto está actualizando su potencia de existir, que existe porque otra cosa en acto está actualizando su potencia de existir, que existe porque..., de modo que, si una de esas cosas deja de actualizar la potencia de existir de la siguiente, la que deja de ser actualizada no subsiste, pues su poder causal deriva de la anterior.

SERIE ACCIDENTALMENTE ORDENADA

---

[89] RUSSELL, B. (1927). *Por qué no soy cristiano* (4ª ed., p. 19). Hispano América, S. A. (EDHASA).

SERIE ESENCIALMENTE
ORDENADA

En este punto, es preciso distinguir (a) el hecho de que una cosa comience a existir del (b) hecho de que una cosa se mantenga en la existencia. Que una cosa comience a existir es una cuestión de carácter temporal y, por tanto, objeto de una serie accidentalmente ordenada, mientras que la permanencia en la existencia de una cosa, aquí y ahora, no tiene una naturaleza temporal, sino vertical y, como tal, estática; esto es, responde a una serie esencialmente ordenada. Es de lo segundo de lo que estamos ahora hablando.

Siendo esto así, entre las dos opciones que nos planteábamos: que (A) esté siendo actualizada por otra cosa en acto o que (A) sea un actualizador puramente actual, hemos de rechazar la primera y quedarnos con la segunda, en el sentido de que, con independencia del lugar que ocupe (A) en una serie concreta, lo cierto es que la primera de las opciones nos lleva a una regresión al infinito, que no es posible en una serie esencialmente ordenada, como la que estamos considerando, ya que estas deben tener, necesariamente, un primer elemento o causa del que derive el poder causal del resto. Este primer elemento se caracteriza por ser puramente actual, pues, para no requerir de un elemento anterior del que derivar su poder causal, debe tener todas las potencias actualizadas, por cuanto, si no las tuviera, sería un (S)' y, como tal, su potencia de existir debería estar siendo actualizada por otra cosa en acto.

Llegados a este punto, afirma el autor que debe existir un ser puramente actual; es decir, un ser que es absolutamente acto; o sea, que no tiene potencias o que todas sus potencias están actualizadas. Seres como este, dice Edwar Feser, solo puede haber uno, pues si hubiera más de uno, deberían diferenciarse en algo y esta diferencia exigiría que tuviesen alguna potencia; o sea, que uno tuviera algo —este algo lo sería en acto— que el otro no tuviera —o sea, que fuera en potencia—; pero hemos dicho que este ser es puramente actual, por lo que solamente puede haber uno.

A partir de aquí, el autor argumenta que este ser puramente actual es lo que comúnmente conocemos como Dios, pues, por el hecho de ser puramente actual, tiene todas las notas típicamente atribuidas al Absoluto: uno, inmutable, eterno, inmaterial, incorpóreo, perfecto, omnipotente, absolutamente bueno, inteligentísimo y omnisciente. Esta segunda parte de la argumentación, sin embargo, no va a ser objeto de consideración en este capítulo.

En síntesis, la argumentación queda como sigue[90]:

1. Change is a real feature of the world.

2. But change is the actualization of a potential.

3. So, the actualization of potential is a real feature of the world.

4. No potential can be actualized unless something already actual actualizes it (the principle of causality).

5. So, any change is caused by something already actual.

6. The occurrence of any change C presupposes some thing or substance S which changes.

---

[90]   En este epígrafe, se ha seguido la tesis expuesta en FESER, E. (2017). *Five proofs of the existence of God* (pp. 35-36). Ignatius Press.

7. *The existence of S at any given moment itself presupposes the concurrent actualization of S's potential for existence.*

8. *So, any substance S has at any moment some actualizer A of its existence.*

9. *A's own existence at the moment it actualizes S itself presupposes either (a) the concurrent actualization of its own potential for existence or (b) A's being purely actual.*

10. *If A's existence at the moment it actualizes S presupposes the concurrent actualization of its own potential for existence, then there exists a regress of concurrent actualizes that is either infinite or terminates in a purely actual actualizer.*

11. *But such a regress of concurrent actualizes would constitute a hierarchical causal series, and such a series cannot regress infinitely.*

12. *So, either A itself is a purely actual actualizer or there is a purely actual actualizer which terminates the regress that begins with the actualization of A.*

13. *So, the occurrence of C and thus the existence of S at any given moment presupposes the existence of a purely actual actualizer.*

14. *So, there is a purely actual actualizer.*

Queda, de este modo, demostrada metafísicamente la existencia de Dios; o sea, la consideración de Dios como sustancia o *res infinita*.

Así las cosas, veníamos diciendo que el sujeto se encuentra con Dios en el encuentro con su intimidad, lo que se explica, en parte, porque el fundamento de la dignidad humana es el Absoluto o Dios, tal y como exponíamos bajo la tesis de Pedro Serna, y el hombre conoce la dignidad humana en el encuentro con su intimidad. La pregunta que debemos hacernos ahora es: ¿y por qué no conoce el hombre a Dios en la proyección externa, si Dios es el fundamento de la dignidad humana, y sí lo hace, sin embargo, en la proyección interna, si la dignidad es lo que se reconoce al otro? Esto es lo que se explica a continuación.

4.4.4. El verdadero encuentro con Dios se da en la intimidad y no en el reconocimiento de la subjetividad, si bien Dios también está también en el otro, como persona portadora de una dignidad. La unicidad de la persona

Dos epígrafes atrás hemos dicho que el Absoluto o Dios —cuya existencia como sustancia metafísica hemos demostrado en el epígrafe anterior— es el fundamento de la dignidad humana, porque esta requiere, para ser tal y para poder decir que el hombre es un fin en sí mismo, un fundamento absoluto. De este modo, decíamos que, solo si el hombre es considerado creación divina o *res sacra,* es querido en sí mismo; o sea, absolutamente, porque es desde este prisma que está orientado, en sí mismo considerado, a una relación con Dios. Así las cosas, Dios es, siguiendo la perspectiva de Pedro Serna, el fundamento primero y/o último o, en definitiva, remoto de la dignidad. Decimos ahora que es fundamento último o primero, porque este prisma pone el foco, (a) por un lado, en la creación; o sea, en la existencia, donde Dios es el actualizador puramente actual o elemento primero de la serie de causas esencialmente ordenada —fundamento primero—, y (b) por otro lado, en el *telos,* Bien o fin de la persona, que sería, como *res sacra,* la consecución de una relación interpersonal con Dios —fundamento último—.

Ahora bien, tal y como desarrollaremos ahora, existe otro fundamento de la dignidad humana, al cual vamos a llamar *fundamento próximo,* que reside, no en un ente distinto del sujeto, sino en el mismo yo. De aquí que lo llamemos *próximo.* Este fundamento hunde sus raíces en la naturaleza humana; pero no tanto en esta en sí misma, porque esta es una y la misma en toda persona, sino lo heterogéneo de la naturaleza del hombre, que es la unicidad de la persona. Dicho de otro modo, la unicidad de la persona, concepto que ahora desarrollaremos, es en sí misma heterogénea, dado que hace referencia al hecho de que cada persona es única e irrepetible; pero es homogénea y, de algún modo, elemento integrante de la naturaleza humana, en abstracto. Ejemplificativamente, la unicidad de la persona per se o en sentido estricto es "Alba, española de ojos azules y pelos negro, D.N.I. 00000000X", mientras que la unicidad de la persona, como elemento integrante de la naturaleza humana, pasa por hablar, en abstracto, de que la persona, como lo es Alba, se caracteriza por ser única e irrepetible.

Para comprender este concepto, que es el núcleo del razonamiento que seguimos en este epígrafe, seguiremos de cerca a Fernando Simón Yarza, quien lo explica magistralmente en su obra *Jurisdicción constitucional y derechos fundamentales. Lineamientos,* en la que sigue, respecto de esta cuestión, a Robert Spaemann.

Tal y como explica el profesor Fernando Simón, los seres inanimados «solo poseen un modo de ser determinado para nosotros»[91]; esto es, ser un coche es lo que nosotros, las personas,

---

[91] YARZA, F. S. (2022). *Jurisdicción constitucional y derechos fundamentales. Lineamientos* (p. 27).

hemos decidido que es ser un coche, porque nosotros le hemos dado su naturaleza. Por su parte, los seres vivientes tienen una naturaleza; o sea, «poseen un modo de ser predeterminado que no les hemos asignado nosotros»[92] y que, como tal, «no podemos conocer plenamente, precisamente porque lo poseen con independencia de nosotros»[93] —recuérdese, en este punto, la idea de la razón como fe vidente—. Sin embargo, dice el autor que las personas no son una naturaleza, sino que tienen una naturaleza: «la persona es, en definitiva, el "ser" que se esconde detrás de su propia naturaleza, el ser que no *es* simplemente su naturaleza, sino que *tiene* una naturaleza»[94], de modo que, a diferencia del ser viviente, no está determinada por esta. He aquí el sentido del concepto *unicidad de la persona,* por cuanto la persona no es «un simple ejemplar de una especie[,] sino el "yo" que se esconde tras la naturaleza racional de cada ejemplar de la especie humana»[95] o, dicho de otro modo, «el término "persona" es […] un "nombre propio general"»[96]. Asimismo, añade el autor que «la persona es un misterio que no conocemos directamente, sino que "percibimos", "aceptamos" y "reconocemos" como portador de la naturaleza que nos es dada exteriormente con su cuerpo»[97].

---

[92] YARZA, F. S. (2022). *Jurisdicción constitucional y derechos fundamentales. Lineamientos* (p. 27).
[93] YARZA, F. S. (2022). *Jurisdicción constitucional y derechos fundamentales. Lineamientos* (p. 27).
[94] YARZA, F. S. (2022). *Jurisdicción constitucional y derechos fundamentales. Lineamientos* (p. 27).
[95] YARZA, F. S. (2022). *Jurisdicción constitucional y derechos fundamentales. Lineamientos* (p. 27).
[96] YARZA, F. S. (2022). *Jurisdicción constitucional y derechos fundamentales. Lineamientos* (p. 27).
[97] YARZA, F. S. (2022). *Jurisdicción constitucional y derechos fundamentales. Lineamientos*

Esta misma idea de la unicidad de la persona ha sido considerada por otros autores, como, por ejemplo, Ortega y Gasset. Este autor, quien hemos seguido muy de cerca en esta obra —es esta la razón por la que consideramos oportuno citarlo ahora—, hablaba de la *heterogeneidad del yo,* un concepto que podemos considerar análogo al de *unicidad de la persona.*

> [...] Yo no soy mi cuerpo o, por lo menos, no soy sólo mi cuerpo. ¡Qué diablo, yo, el yo de que suelo hablar en mi vida, el yo que vive en mi vida, es algo único, inconfundible y heterogéneo a todo! Yo no soy un pedazo de materia, pero no porque en virtud de estas o las otras disquisiciones opine que estoy constituido por algo inmaterial, llámese alma, espíritu o como se quiera. No es por eso. Tal vez opino que ustedes están también constituidos por algo inmaterial, que tienen también alma, espíritu, y, sin embargo, yo soy inconfundible con ustedes y radicalmente heterogéneo de ustedes. ¡Qué diablo, yo no soy más que yo, yo soy único, no hay otro que sea yo, ni siquiera otro yo! [...] Yo soy, pues, heterogéneo a todo otro yo, por muy yo que sea[98].

> [...] Este es el carácter fundamental de nuestra existencia: esa fatalidad de nuestra circunstancia, del mundo en que vivimos, no nos obliga a hacer, a ser una sola cosa[99].

(p. 27).
[98] ORTEGA Y GASSET, J. (1934). *Unas lecciones de metafísica* (2ª ed., p. 85). Alianza Editorial.
[99] ORTEGA Y GASSET, J. (1934). *Unas lecciones de metafísica* (2ª ed., p. 126). Alianza Editorial.

Estas particularidades que presenta la persona respecto del resto de seres son las que la elevan y diferencian, y fruto de lo cual se exige el reconocimiento de su dignidad. La unicidad de la persona, elemento que hace que el yo sea, respecto de todo lo ajeno, heterogéneo, exige el reconocimiento de la dignidad humana y es, por tanto, su fundamento próximo. Dios o el fundamento remoto de la dignidad está presente en un segundo plano de abstracción: primero ponemos el foco en el yo, como titular de la *totalidad de la realidad,* y, seguidamente, en la causa de su existencia o fin de su naturaleza, que es Dios. Ahora bien, el fundamento próximo depende del fundamento remoto, lo que hace que ambos no sean ajenos el uno al otro, sino que estén necesariamente relacionados. Y es que la unicidad de la persona, como rasgo del yo, en tanto que sujeto heterogéneo, es el resultado de la consideración de la persona como *res sacra* y, concretamente, del hecho de que cada persona, de modo único e irrepetible, está llamada a una relación interpersonal con Dios.

Ahora bien, dice Pedro Serna en la obra citada unos epígrafes atrás que «el principio de dignidad comporta el respeto al fin en sí mismo, pero nada más. En qué deba consistir ese respeto tiene que ver con la naturaleza, con el modo de ser propio del fin en sí mismo, y ahí nada puede aportarnos el principio de dignidad, salvo la obligatoriedad de ese respeto hacia el ser dotado de cierta naturaleza»[100]. Esta naturaleza podemos conocerla, en abstracto o teóricamente, en el otro; pero la persona del otro, que es, como decíamos, más que su naturaleza, es un misterio para nosotros.

---

[100]   SERNA, P., (1998). «El derecho a la vida en el horizonte cultural europeo de fin de siglo». En C. I. MASSINI y P. SERNA (Eds.), *El derecho a la vida* (pp. 42-43). EUNSA.

De aquí que dijéramos que la unicidad de la persona per se o en sentido estricto es un elemento heterogéneo, como el yo, si bien, en la abstracción; esto es, homogeneizándolo, integra la naturaleza humana. Ahora bien, cuando lo homogeneizamos, perdemos gran parte —por no decir, la parte sustancial— de lo que significa y representa.

En la proyección externa, el hombre se ve a sí mismo en el otro o, dicho de otro modo, se conoce como persona —aquí, como «nombre propio general», en los términos de Fernando Simón, o como *nomen dignitatis* dotado de una particular naturaleza que, sin embargo, es un misterio— y, en la proyección interna, como yo. El yo es la verdadera persona —aquí, no como «nombre propio general», sino como titular de la *totalidad de la realidad*—, dado es lo único verdaderamente irrepetible, pues la antropología es la misma para toda persona en todo tiempo y lugar. Póngase, además, de manifiesto que, en la proyección externa, el otro no deja de ser una circunstancia más, aunque cualificada por su especial naturaleza, del mundo, mientras que el yo es únicamente yo, para cada uno, respecto de sí mismo; o sea, en su intimidad. En otras palabras, la clave del yo reside en la unicidad de la persona, rasgo que nos permite distinguir a las personas del resto de seres vivos e, indudablemente, de los seres inertes, así como a cada yo del resto de seres de la especie humana. Cuando reconozco la subjetividad o dignidad del otro, capto, de algún modo, su naturaleza, mas lo hago en abstracto y no llego a conocer a la verdadera persona, que se presenta, en todo caso, como un misterio, lo que hace que no llegue a captar la unicidad de la persona ni, por tanto, el fundamento del reconocimiento de la dignidad. Ello conlleva, como no puede ser de otro modo, que no pueda conocer la dignidad en el otro, sino que deba hacerlo necesariamente en la intimidad y que, consecuentemente, el encuentro con Dios suceda en la intimidad, pues es ahí donde conozco la dignidad y Dios es su fundamento remoto.

En otras palabras, como decíamos, lo que sucede en la proyección externa es que se produce en el sujeto que reconoce un viaje de ida y vuelta —se ve a sí en el otro—, lo que le obliga a volverse sobre sí mismo para, aprehendiendo su intimidad, ser conocedor del fundamento próximo de la dignidad. Conociendo el fundamento próximo de la dignidad, conoce la dignidad o conoce que es digno, lo que le permite, entonces, reconocer la dignidad del otro. Dicho de otro modo, siendo conocedor del fundamento próximo de la dignidad, conoce la verdadera persona, porque se conoce a sí mismo, y, consecuentemente, aprehende la dignidad en su totalidad, lo que hace que pueda, entonces, reconocerla en el otro, dado que no puede reconocerse lo que no se conoce, de algún modo, ya previamente.

Esto —que el reconocimiento de la dignidad del otro implique el conocimiento de la persona de uno mismo en la intimidad— no contradice lo que explicábamos en el tercer capítulo; esto es, que lo primero de lo que tiene conciencia el yo es de la circunstancia —en este caso, el otro— y, en un segundo momento, de sí mismo.

Como explicábamos ya en este capítulo, lo primero de lo que tiene conciencia el hombre es del mundo —en este contexto, el otro—, pero el ser del yo depende del ser de las cosas —en este caso, la cosa es el otro—. Ahora bien, decíamos que, si es el quehacer fundamental de la vida decidir en cada momento qué vamos a ser, el ser del sujeto cobra un papel primero y nuclear, dado que, decidir lo que vamos a ser requiere, como anotaba el mismo Ortega y Gasset, plantearse el porqué de lo que se hace en cada momento, para lo cual es preciso tomar conciencia previa de uno mismo o, lo que es lo mismo, aprender la intimidad, que constituye el verdadero yo. Si no, en la decisión sobre lo que vamos a ser iríamos sin rumbo o, en otras palabras, estaríamos dando palos de ciego.

Si extrapolamos aquella idea a lo que ahora nos ocupa, nos encontramos con que sucede lo mismo: un viaje de ida y vuelta de la circunstancia —en este caso, el otro— al yo, donde lo primero de lo que tiene conciencia el yo es del otro, pues lo primero que sucede es la proyección externa; esto es, el conocimiento de la naturaleza o personalidad en sentido restringido o necesario; pero el ser de ambos elementos depende mutuamente del otro, cobrando el yo y la conciencia de uno mismo —recordemos que tener conciencia es pensar y pensar, descubrir el ser de algo— un papel primordial, que, en este caso, hace que podamos reconocer en el otro lo que, siendo el otro un misterio para nosotros, no podemos conocer en ningún otro sitio aparte de en nuestra intimidad.

En definitiva, reconocemos la dignidad del otro por exigencia de su naturaleza o antropología; pero también y, sobre todo, porque sabemos que el otro es persona y, como tal, que es más que su naturaleza; o sea, que es única e irrepetible. Ahora bien, la persona del otro es para nosotros un misterio y, por ello, únicamente podemos conocer de esto en el encuentro con nuestra intimidad, donde sí tenemos aprehensión directa de la unicidad de la persona. Siendo esto así, es solo en la intimidad donde podemos descubrir, en primer término, el fundamento próximo de la dignidad. Consecuentemente, es en la intimidad donde, conociendo el fundamento primero de la dignidad y la exigencia del reconocimiento de la subjetividad del otro, encontramos a Dios, que se nos presenta como el fundamento último de la dignidad humana.

PROYECCIÓN INTERNA:

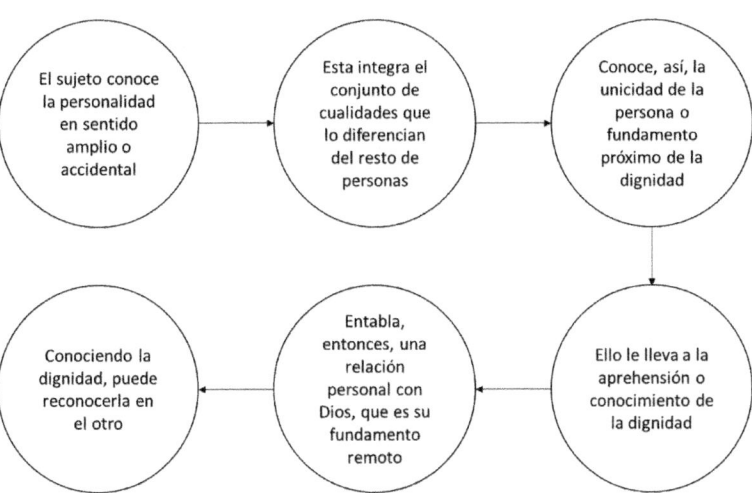

4.5. Regreso al principio: la razón como fe vidente y la aprehensión de Dios como acto estético

En síntesis, el hombre se encuentra con Dios al capturar su intimidad; pero no lo conoce por completo ni aprehende en su totalidad. Esto es así por dos razones.

En primer lugar, porque no puede una sustancia menos perfecta —*res cogitans*— abarcar a una más perfecta —*res infinita*—, en tanto que aquella tiene en potencia mucho de lo que esta presente en acto.

En segundo lugar, porque la razón es fe vidente y es en el acto cognoscitivo que tiene por objeto a Dios en el que se hace esto más presente: el sujeto se aproxima a Dios e incluso llega a conocer algunos de sus atributos; pero metafísica y antropológicamente es imposible que un sujeto contingente aprehenda el puro acto. Es por esto, como decíamos en el primer capítulo, que la realidad exige, como momento último en la conexión con la intimidad y el encuentro del hombre con Dios, un acto de fe. Este acto de fe se expresa, vive o experimenta sintiéndose plenamente abrumado, exhorto, arrollado y, en definitiva, en una especial relación con lo que ahora es el objeto de conocimiento y circunstancia del mundo con la que se encuentra el hombre: Dios.

Sin embargo, esto no es una desgracia, sino la fuente de la felicidad más pura, pues no podría de otro modo inclinarse el sujeto a conocer lo más añorado desde el comienzo de la historia de la humanidad; esto es, a sí mismo —ya lo decían los antiguos:

«*nosce te ipsum*»[101] —, lo cual es el núcleo del quehacer esencial de la vida, que es el decidir en cada momento lo que vamos a hacer. Sin inclinación o Dios, no hay conocimiento de uno mismo y, sin ello, no hay vida que merezca la pena ser vivida.

El día que tomamos conciencia de estar habitados por Dios es como si naciéramos de nuevo. Qué razón tenía Unamuno cuando, citando al P. Farber, escribía que: «una nueva idea de Dios es como un nuevo nacimiento»[102].

---

[101] Acorde a los escritos del geógrafo Pausanias, esta era la grabación que podía leerse en el tímpano del frontis del Templo de Apolo, en Delfos.
[102] GONZÁLEZ-CARVAJAL, L. (1984). *Esta es nuestra fe. Teología para Universitarios* (13ª ed., p. 112). Editorial SAL TERRAE.

5. EL AMOR COMO RADICAL EXISTENCIAL Y ANTROPOLÓGICO, Y FUNDAMENTO DE LA ÚNICA Y VERDADERA ÉTICA AUTÓNOMA Y ABSOLUTA

5.1. La ineludible conexión entre la libertad de conciencia, el encuentro del hombre con Dios y el Bien de la vida

5.1.1. Planteamiento

La libertad de conciencia, la aprehensión de la intimidad, el Bien de la vida y el encuentro con Dios son realidades diferentes que, sin embargo, se realizan en un mismo acto o momento. Esto supone que, si se alcanza una de ellas plenamente, el resto vienen dadas necesariamente; pero no implica, como puede llegar a pensarse, que unas realidades dependan de las otras, de modo que no puedan subsistir autónomamente. Por el contrario, son realidades autónomas y diferenciadas; pero se encuentran íntegramente relacionadas y, en este sentido, convergen en un mismo acto.

Así las cosas, todas ellas se realizan en un mismo lugar o momento: en la intimidad. La aprehensión de la intimidad conlleva el conocimiento de la vida; esto es, su Bien y, del mismo modo, el encuentro del hombre con Dios, tal y como se ha desarrollado *ut supra*. Asimismo, es en la intimidad donde se realiza o manifiesta la libertad de conciencia.

5.1.2. El encuentro del hombre con su intimidad como momento de unificación

En primer lugar, la intimidad está intrínsecamente relacionada con la libertad de conciencia, porque esta segunda se realiza o manifiesta en la primera, dado que la intimidad es ajena al mundo y, consecuentemente, no está sujeta a las limitaciones o restricciones propias de lo contingente de la altura, anchura y profundidad. En el encuentro del sujeto consigo mismo, no le limitan las restricciones de lo externo a él, al tiempo que lo único ajeno a sí mismo es Dios, como circunstancia de la intimidad, que es el puro acto y, en este sentido, absoluta libertad. Asimismo, desvela en la intimidad el Bien de la vida y nada hay más libre que, conociendo la vida como *totalidad de la realidad,* saberse grandioso en la existencia. De mismo modo, la intimidad es, además de lo propiamente humano, la persona misma y, por ello, manifestación de su unicidad. Consecuentemente, la libertad de conciencia es esencia antropológica, dado que constituye un atributo humano, si bien no es una facultad que se *tiene,* sino una facultad que se *es,* y es el atributo último o radical, ya que existe necesariamente en la intimidad, que es la persona y, como tal, radical antropológico. Decíamos, en este sentido, que la libertad de conciencia no es la esencia antropológica en abstracto, en sí misma o considerada aisladamente, sino que lo es junto con la intimidad, donde se manifiesta necesariamente y sin la cual aquella no sería lo que es. De este modo, la intimidad es la verdadera persona, el yo, donde conoce el hombre la dignidad y donde se realiza la libertad de conciencia. De aquí que la intimidad sea radical antropológico y, consecuentemente, lo sea la libertad, que se realiza en ella necesariamente y sin la cual no podríamos decir que la intimidad es intimidad, pues esta es, ante todo, libre. La intimidad y la libertad de conciencia son, por tanto, inseparables la una de la otra y dependen necesariamente entre sí.

En segundo lugar, en la aprehensión de la intimidad o encuentro con uno mismo, se desvela el Bien de la vida; esto es, se conoce la vida como *totalidad de la realidad* y se tiene conciencia de que el yo es el núcleo de la epistemología y de que, si bien su ser depende del de la circunstancia y viceversa, él ocupa un papel central en la existencia. Para comprender esto es preciso retomar la idea de que el quehacer fundamental de la vida es decidir en cada momento qué vamos a ser, para lo cual es fundamental tener previa conciencia, como poco, de lo que pensamos que somos o de aquello a lo que aspiramos, pues, de lo contrario, estaríamos decidiendo lo que vamos a ser sin rumbo. Así, la vida no tiene un sentido, dado que no hay nada anterior ni posterior a ella; pero, dentro de la misma, sí encontramos un *telos* fundamental, que es, precisamente, su quehacer principal: decidir en cada momento qué vamos a ser. La correcta realización de este quehacer exige la conciencia de la propia existencia o conocimiento, al menos aproximativo, de uno mismo, lo que acontece en la aprehensión de la intimidad. Conociéndose a uno mismo; es decir, entrando en una especial relación consigo, puede el hombre decir su ser y el de las cosas y, seguidamente, decidir en cada momento lo que va a ser. Vemos, entonces, que el pensamiento de las cosas depende, en última instancia, de la conciencia de uno mismo o conciencia de la propia existencia, pues el conocimiento del ser de las cosas depende del conocimiento de uno mismo, como actividad fundamental para la realización del quehacer primero de la vida. Siendo la vida la *totalidad de la realidad,* porque nada hay o existe fuera de ella, ya que el pensamiento se realiza en vida, nos encontramos con que, del mismo modo que el pensamiento de las cosas depende, en última instancia, del conocimiento de uno mismo, el conocimiento de la vida como *totalidad de la realidad;* esto es, la aprehensión del Bien de la vida, exige una previa conciencia de la propia existencia. Es por todo esto que decimos que el Bien de la vida se alcanza en el encuentro con la intimidad, momento en que, además, se conecta con la infinitud de la existencia, pues, conociendo el yo, se tiene conciencia de uno mismo como titular de una vida y núcleo de la epistemología, lo que radica en la comprensión de la vida como *totalidad de la realidad.*

En tercer lugar, el hombre encuentra a Dios en el encuentro con su intimidad, porque es en la intimidad, por ser la persona misma, donde se realiza o manifiesta la unicidad de la persona y es esta el fundamento próximo del reconocimiento de la dignidad, que tiene como fundamento último a Dios. De este modo, aunque Dios, como fundamento último de la dignidad, pueda verse en el otro, que es también portador de una dignidad, el encuentro verdadero únicamente puede darse en uno mismo, dado que en el otro se puede conocer la naturaleza humana en abstracto; pero no a la persona, que solo se descubre, respecto de uno mismo, en la intimidad, lo que nos llevaba a afirmar que la dignidad única- mente se conoce respecto de uno mismo, mientras que, en el otro, se reconoce, como realidad previamente conocida. Aprehendida la intimidad, se conoce el fundamento próximo de la dignidad y la dignidad misma, lo que lleva al encuentro con Dios, que es fundamento último de la dignidad. Además, debe recordarse que Dios es la única circunstancia con que puede el hombre relacionarse en la intimidad y que, siendo la vida la coexistencia del yo y la circunstancia; el reconocimiento de la dignidad del otro, una liberalidad de exigencia metafísica y la exigencia metafísica del reconocimiento de la dignidad la inclinación que resulta de la relación del hombre con otra circunstancia, el encuentro o relación con Dios debe darse necesariamente, como consecuencia de la exigencia de las cosas, en la intimidad.

Como se puede observar, en el encuentro del sujeto consigo mismo o aprehensión de su intimidad, se dan el resto de experiencias y realidades que han sido objeto de un tratamiento más detallado en las páginas de este libro. Consecuentemente, el encuentro del hombre con su intimidad es el momento de conexión o confluencia de todas las tesis que se han venido desarrollando, las cuales responden, de este modo, a una misma realidad; pero vista desde distintas perspectivas.

5.1.3. El Amor en la aprehensión de la intimidad

Cuando se aprehende la intimidad o, lo que es equivalente, cuando el sujeto se encuentra consigo mismo, toma conciencia de la propia exista y conecta con la vida.

En este momento, la existencia abruma y deslumbra, porque se concibe la vida como la *totalidad de la realidad* y todo lo que existe aparece al encuentro del hombre como contenido de su propia vida. Además, la plenitud de todo lo que existe y el encuentro con Dios, que también acontece en este momento, hacen que las cosas aparezcan frente al hombre como creación divina, en el sentido de estar perfectamente ordenadas a un fin o *telos*. Esto es así, porque la realidad es, entonces, inefable y, aunque se reconoce como contenida en la vida del sujeto, lo sobrepasa. Ahora bien, no es caótica, sino sublime y, consecuentemente, ordenada y perfecta. Es por ello que se presenta como creación, concretamente, divina, pues apunta a responder a un orden preestablecido que, como la naturaleza de lo viviente, nos es desconocido en su plenitud, pues no es fruto del designio o voluntad humanos. De aquí que se haya dicho que, si se aprehende verdaderamente el Bien de la vida, el encuentro con Dios es corolario lógico. En suma, se desvela en este momento lo perfecto de la existencia o, en otras palabras, se descubre la perfección en el ser de las cosas y, como el ser de las cosas es inefable, he ahí la bruma o sobrecogimiento propios de esta experiencia.

Finalmente, es entonces cuando el hombre conoce que es libre esencialmente, dado que, en el encuentro con su intimidad, conoce la realidad que se realiza en ella y sin la cual esta no sería; esto es, la libertad de conciencia. Asimismo, sucede que, en la aprehensión de la vida, que concibe entonces como infinita, y en el encuentro con Dios, que es ser puramente actual, se encuentra con lo más libre de la existencia: la vida y Dios. Esto explica que el Bien de la vida y Dios sean conocidos en el encuentro del sujeto con la intimidad y que, como decíamos, la libertad de conciencia se realice en ella. Además, nada hay más libre o más absoluto que lo que todo abarca, bien como *totalidad de la realidad* —la vida—, bien como actualizador puramente actual que garantiza, por actualizar su potencia de existir, la existencia de todas las cosas aquí y ahora —Dios o el Absoluto—.

En definitiva, el deslumbramiento o sobrecogimiento que genera la aprehensión del Bien de la vida lleva a contemplar todo lo que existe como contenido de la propia existencia y creación u obra divinas, dándose el encuentro con Dios también ahora. Todo ello conlleva el reconocimiento de la libre existencia y, concretamente, el conocimiento o la toma de conciencia de la esencial libertad, que es la libertad de conciencia.

Llegados a este punto, el sujeto que ha adquirido conciencia de su propia existencia, el Bien de la vida, Dios y la libertad de conciencia aprehende, como corolario lógico y necesariamente, el Amor. Dicho de otro modo, se ve abrumado por el Amor, que se manifiesta, en ese momento, como radical último de la existencia y la antropología: de la existencia, porque es la realidad que colma el Bien de la vida y Dios, como ser puramente actual que actualiza la potencia de existir de todas las cosas aquí y ahora; de la antropología, porque radica en la intimidad, que es la persona misma. La inefabilidad de la existencia que, como decíamos, se produce en este momento, se traduce en un sobrecogimiento de Amor, ya que el sujeto ama, entonces, la vida y todo lo contenido en ella.

Ama la vida, porque se le presenta como *totalidad de la realidad* y ama todo lo contenido en ella, porque le sobrecoge y lo percibe como creación divina, ordenada y sublime. Así, no es posible que el hombre no ame la vida cuando aprehende su Bien y la conoce como *totalidad de la realidad,* dado que, entonces, se percata de que nada hay fuera de ella hacia lo que pueda orientar su voluntad y la voluntad siempre se orienta hacia lo querido; esto es, hacia lo que la inteligencia le presenta como bueno[103].

---

[103] Sí es posible, sin embargo, que no ame la vida y busque algo fuera de ella quien

La vida es, entonces, axioma primero de todo lo amado y, por tanto, aquello que ama en primer término.

Por un lado, ama la vida en el sentido de que la quiere; o sea, de que se orienta, en aras de su perfección personal, hacia ella y, especialmente, hacia su Bien, lo cual no puede ser de otro modo, pues, siendo la vida la *totalidad de la realidad,* no puede orientarse hacia lo que no es vida, lo cual es de gnoseología absolutamente inconcebible. Por otro lado, ama todo lo contenido en ella, en el sentido de que le sobrecoge la existencia misma de las cosas, que se presentan como representaciones de la voluntad que es la vida, en términos schopenhauerianos. En otras palabras, las cosas se le aparecen como contenidos de su vida y manifestaciones de ella, de manera que proyecta la vitalidad de la *totalidad de la realidad* sobre las mismas. Es más, le sobrecogen, porque le son ahora sublimes y ordenadas a un *telos,* y lo sublime, como lo perfecto, se presenta como bueno ante la inteligencia, lo que hace que sea aquello hacia lo que se orienta la voluntad; esto es, lo amado.

Finalmente, debe recordarse que, de entre las cosas del mundo o representaciones de la voluntad de la vida, se encuentra el otro; o sea, la persona ajena a uno mismo, cuya personalidad en sentido restringido o necesario, y subjetivad o dignidad son, respectivamente, captada y reconocida por el sujeto en la proyección externa, momento en que se ve a sí mismo en el otro. De aquí que sea natural al ser humano el amor a todo hombre, porque, al reconocerle dignidad, se ve a sí mismo en él y, consecuentemente,

---

no conoce su Bien. Esta persona no decide libremente, porque no conoce el Bien de la vida y, sobre todo, porque simula orientar su voluntad hacia un objeto que, por contenido fuera de su vida, es gnoseológicamente inconcebible o inaprehensible.

lo percibe como igual entre iguales o hermano, siendo, por ello, el amor más elevado y puro el fraternal[104].

5.2. El Amor como bien último o fundamental; es decir, como radical existencial

Hemos dicho que el hombre aprehende el Amor en el encuentro con su intimidad, momento que se corresponde también, de entre otros, con la aprehensión del Bien de la vida y Dios. Partiendo de estas consideraciones, que han sido objeto de demostración en el epígrafe anterior, podemos afirmar ahora que el amor es radical existencial y su aprehensión, fin último de la existencia y, como tal, consecución de la máxima felicidad.

Como punto de partida, debe considerarse que, si el Amor es la realidad que se encuentra en el alcance del Bien de la vida; es

---

[104]   Cierto es lo que se afirma: que el amor más puro y elevado es el fraternal. Sin perjuicio de que Amor solo haya uno, existen distintos tipos de amor o diferentes manifestaciones de este y, de entre todos ellos, resulta que el que se tiene por el hermano es el más especial. La amistad era, para Aristóteles, una virtud y, en este sentido, el amor más pleno. Por su parte, Lewis decía que la amistad no es una democracia, sino una aristocracia. El amor del hermano, como el del amigo, es desinteresado; esto es, los amigos tienen su amistad y los hermanos, su hermandad. Nada más. Ahora bien, resulta que el hermano está, a diferencia del amigo, vinculado al hermano, lo cual no encadena o somete el amor, sino que lo eleva, porque el vínculo del hermano no es interesado o contractual, como el de la pareja, sino de sangre; mas no es como el del padre, el tío o el abuelo, que se presenta ante uno como un superior, sino que es el vínculo que se tiene con el que, como el amigo, es igual a uno mismo y, además, por ser hermano, es partícipe de una misma historia, que es, para cada uno, la suya y, para todos, la humanidad misma. Asimismo, la hermandad no es aristocrática, sino democrática, dado que, a diferencia de la amistad, es la unión en la historia de la humanidad y, por tanto, la unión con todos los hombres. La amistad, por el contrario, se construye solo con unos pocos —de lo contrario, no obstante, no sería amistad—. Dicho esto, Marti, te quiero.

decir, cuando el sujeto conoce la vida, porque esta se le presenta como *totalidad de la realidad,* resulta que el Amor es el núcleo de la vida misma y, por tanto, de la existencia.

Así las cosas, cuando hablábamos del sentido de la vida en capítulos anteriores, decíamos que esta carece de uno; pero que sí tiene un Bien —y para cada persona, cierto valor particular— y que este, como Bien, es objetivo y el mismo para todos los hombres, al tiempo que, como Bien de la *totalidad de la realidad,* de la que cada sujeto particular es protagonista primero, es aquello a lo que, en último término, la voluntad humana está orientada necesariamente. En otras palabras, es radical existencial, porque reside en el Bien de la vida; porque la vida, como *totalidad de la realidad,* contiene toda la existencia, y porque su Bien, como fin de una determinada naturaleza —en este caso, como fin de la vida, que es la existencia misma, y del hombre particular, en cuya vida se contiene *todo lo que es*—, es el resultado de su ordenación teleológica y, por tanto, aquello a lo que esta tiende o, lo que es lo mismo, su radical o raíz. De aquí que podamos afirmar que, como el Bien de la vida, donde reside el Amor, el Amor es radical existencial. Además, téngase presente que, en el encuentro del sujeto con su intimidad, además del Bien de la vida, también se aprehende a Dios y Dios es, siguiendo la línea argumental expuesta de Edwar Feser, el actualizador puramente actual que mantiene actualizada, en todo aquí y ahora, en una serie esencialmente ordenada de causas, la potencia de existir de todas las cosas. El Amor está, entonces, también en la aprehensión de Dios.

5.3. El Amor y la felicidad

Considerando ahora la relación existente entre la aprehensión del Amor y la felicidad, debe partirse de que era ya considerado por Aristóteles —y es bien cierto— que el bien último del hombre es la felicidad, mientras que el resto de metas que pretende alcanzar son, verdaderamente, medios para la consecución de este fin último. Así las cosas, si aunamos este axioma con el anterior, nos encontramos con que el Amor es la realidad de la felicidad o, dicho de otro modo, con que en el Amor encuentra el hombre la máxima felicidad. Esto se debe a que, como decíamos, la felicidad es el fin último o exigencia fundamental de la esencia humana, al tiempo que (a) el Bien de la vida es aquello a lo que se orienta, en último término; o sea, como fin último, la voluntad humana y que (b) la relación con Dios es aquello a lo que está llamado el hombre, pues es el sustento de la exigencia metafísica que acontece en la proyección interna, de la cual depende de la exigencia metafísica que, como el Derecho mismo, debe suceder en la proyección externa. Resulta, entonces, que como la aprehensión del Amor acontece, como la consecución del Bien de la vida y de la relación con Dios, en el encuentro de la intimidad, la aprehensión del Amor es fin último o exigencia de la esencia del ser humano del mismo modo que lo son el resto de realidades mencionadas y, de entre ellas, la felicidad, sucediendo, así, que la aprehensión del Amor conlleva, como realización del *telos* del ser humano, la máxima felicidad del hombre.

Podemos concluir, por tanto, que el Amor es radical existencial y núcleo de la felicidad, de modo que la persona plenamente feliz es aquella que, en definitiva, ha tenido la suerte de encontrarse consigo misma o su intimidad; o sea, de conocerse para, conociéndose, conocer la vida como *totalidad de la realidad,* su Bien, a Dios y, en último término, el Amor. Dicho de otro modo, si la felicidad humana está en la realización de su propia naturaleza, que es la consecución de su *telos,* dado que es aquello hacia lo que necesariamente está orientado el hombre, resulta que la felicidad humana está en la aprehensión del Amor, que radica en el conocimiento de uno mismo o toma de conciencia de la propia existencia. Ya se decía, de hecho, en el Templo de Apolo, en Delfos, cuna de la civilización, «*nosce te ipsum*». Parece, en este sentido, que desde el principio de los tiempos ha aspirado el hombre a conocerse a sí mismo. Como este conocimiento de uno acaba radicando en la aprehensión del Amor, es que decimos que esto segundo supone la máxima felicidad humana.

De hecho, dijo Bertrand Russel que «en [la] unión profunda e instintiva con la corriente de la vida es donde se encuentra la mayor dicha de la felicidad»[105]. Esto, si se lee desde los parámetros de nuestra filosofía, resulta ser absolutamente cierto, por cuanto la felicidad reside en la aprehensión del Amor y este acontece en el conocimiento de uno mismo o encuentro con la propia intimidad, donde resulta que el hombre desvela también el Bien de la vida.

En la aprehensión del Amor, como realización de la máxima felicidad humana, es donde radica la pura y plena ataraxia.

Todas estas ideas sirven para introducir lo que sigue a continuación; esto es, que el Amor es radical antropológico, pues, siendo la vida particular de cada sujeto *totalidad de la realidad,* el radical existencial es también radical antropológico.

---

[105] RUSSELL, B. (1930). *La conquista de la felicidad* (p. 233). Diario EL PAÍS.

5.4. EL AMOR COMO *DEBER-SER;* ES DECIR, COMO LO PROPIA-
MENTE HUMANO O RADICAL ANTROPOLÓGICO

5.4.1. Concepto de *ley natural* y *deber-ser*

Javier Hervada define el *deber-ser* y la *ley natural* del siguiente
modo:

> [...] Hay una evidente relación entre la inclinación
> natural y la regla racional. Si bien la regla de razón es cosa
> distinta de la inclinación, pues consiste, no en un impulso o
> tendencia, sino en una regla o medida de conducta, ambas
> se conectan en la obligación o deber moral: la regla de razón
> —además de señalar los medios para alcanzar el final que im-
> pulsa la inclinación— prescribe —«debe hacerse»— mediante
> enunciados deónticos aquello a lo que tiende la inclinación, es
> decir, la obtención de la finalidad. Parafraseando a un antiguo
> canonista —Tomás Sánchez— podríamos decir que «la ley
> natural convierte en obligación la inclinación natural».
>
> Ciertamente el tipo y la intensidad de obligación no es
> igual respecto de todas las tendencias señaladas, ni en todas
> las situaciones, pero es claro que la regla racional es ley —ley
> natural— porque contiene una prescripción, un enunciado
> obligatorio. Ahora bien, la obligación —el deber— no exis-
> tiría —la razón no presentaría como ley a la regla— si no
> fuese obligatorio y vinculante el fin. Si el fin representa una
> realización o plenitud del hombre, y si el fin se nos presenta
> como un deber, resulta que la realización del hombre es un
> deber-ser. Un deber-ser que no es un juicio lógico al modo

kelseniano, sino una exigencia del ser. La ley natural o prescripción de la razón es la expresión racional de un deber-ser, de una exigencia ontológica, que la razón capta y, en consecuencia, prescribe como deber. Sin duda la ley natural es un acto de imperio de la razón, pero la razón impera porque capta la exigencia ontológica, que es la obligatoriedad del fin[106].

En suma, la ley natural son el «conjunto de preceptos de la razón natural [o leyes naturales] que regulan el obrar humano en orden a los fines del hombre»[107] o, en otras palabras, «la ley natural manifiesta en forma de deber las exigencias naturales del ser del hombre, que son la obtención de sus fines naturales; es decir, la realización del individuo y el desarrollo humano de la sociedad»[108].

Estos preceptos que constituyen la ley natural, como fines de la naturaleza teleológica del ser humano, son deberes-ser: *deberes,* porque no son ya meras inclinaciones, sino que la razón las presenta como deberes; o sea, como prescripciones deónticas u obligatorias, y *del ser,* porque la razón los presenta como deberes, por el hecho mismo de que responden a las inclinaciones del ser, en este caso, ser humano.

---

[106] HERVADA, J. (1981). *Introducción crítica al derecho natural* (11ª ed., pp. 146-147). EUNSA.
[107] HERVADA, J. (1981). *Introducción crítica al derecho natural* (11ª ed., p. 144). EUNSA.
[108] HERVADA, J. (1981). *Introducción crítica al derecho natural* (11ª ed., p. 144). EUNSA.

5.4.2. El Amor como *deber-ser;* es decir, como lo propiamente humano o radical antropológico

La aprehensión del Amor, como momento primero, y el Amor en sí mismo o el amar, como derivados de lo primero, son deberes-ser del hombre. Esto se debe, siguiendo la definición de *ley natural* que ofrece Javier Hervada, a dos razones, que serán objeto de demostración en este epígrafe: (a) por un lado, a que el Amor es una inclinación o fin del hombre y, (b) por otro lado, a que el Amor conlleva la realización o plenitud del ser humano.

En primer lugar, tratemos de explicar el porqué de la primera premisa: el Amor es una inclinación o fin del hombre. Por un lado, decíamos antes que, del mismo modo que el Bien de la vida y la relación con Dios eran fines —es más, fines últimos—, lo era la aprehensión del Amor, que acontece como corolario lógico y necesariamente cuando se realización o consiguen los otros dos. De aquí que, según explicábamos, la plena felicidad humana esté en la consecución del Amor. Por otro lado, habíamos dicho antes que el encuentro del hombre con uno mismo implicaba la aprehensión del Amor en el sentido de que conllevaba amar o comenzar a amar la vida y todo lo contenido en ella, lo cual decíamos que, cuando se aprehendía el Bien de la vida y Dios, no podía ser de otro modo, pues la vida aparecía ante uno como *totalidad de la realidad* y todo lo contenido en ella, como una existencia perfecta, sublime, divina y teleológica. Así, el hombre está inclinado a la aprehensión del Amor y, seguidamente, a Amor mismo; esto es, a amar la vida y toda realidad contenida en ella.

En segundo lugar, que el Amor sea deber-ser del hombre implica que su aprehensión conlleve la realización o plenitud del ser humano. Para explicar esta cuestión, es preciso tener presente las siguientes ideas. Por un lado, hemos ya detallado por qué la aprehensión del Amor supone la máxima o más plena y pura felicidad del ser humano. Por otro lado, es preciso valorar que el conocimiento de uno mismo o aprehensión de la intimidad es aquello hacia lo que también tiende el ser humano, por cuanto la realización del quehacer fundamental de la vida, que era decidir en cada momento lo que vamos a ser, exige el conocimiento previo de uno mismo, pues, de lo contrario, como decíamos, en la realización de ese quehacer, estaríamos dando palos de ciego. Teniendo todos estos argumentos en consideración, resulta que la aprehensión del Amor es exigencia de la esencia del ser humano y que su alcance no puede no perfeccionar plenamente al hombre, dado que la realización de la exigencia primera de su naturaleza debe, en todo caso, llevar a su realización más absoluta.

Dicho lo anterior, resulta que la aprehensión del Amor y amar; o sea, amar la vida y todo lo contenido en ella, son deberes-ser del hombre; esto es, exigencias de su ser, en tanto que son el objeto de una inclinación que, como inclinación primera o exigencia fundamental de su esencia, lo realiza o guía hacia su plenitud.

5.5. LA APREHENSIÓN DEL AMOR COMO FUNDAMENTO DE LA ÉTICA. NUESTRA ÉTICA COMO RESPUESTA A LA LUCHA ENTRE EL BIEN COMÚN Y EL BIEN INDIVIDUAL

5.5.1. Amar la vida y toda representación de ella es la máxima de nuestra ética, la única y verdadera ética autónoma y absoluta

Decíamos antes que, cuando el hombre aprehende su intimidad, ama la vida y todo lo contenido en ella. Este es el punto de partida de la defensa que ahora pretende hacerse: el Amor es el fundamento de la única y verdadera ética autónoma y absoluta.

Decimos que una ética es autónoma —y no heterónoma— cuando, conforme la filosofía kantiana, es la razón práctica la que se da a sí misma la ley moral. Las éticas heterónomas, por el contrario, son aquellas en las que la ley moral viene dada o impuesta al sujeto desde fuera, siendo este mero receptor de los preceptos morales. La ética que ahora planteamos es autónoma porque nace de la persona misma, que se alza como legisladora de sus preceptos, los cuales emanan de la propia naturaleza humana.

Dicho lo anterior, resulta que esta ética tiene como punto de partida la aprehensión del Amor, lo cual, como bien hemos desarrollado, acontece en el encuentro del sujeto consigo mismo, momento en que desvela, de entre otras cosas, la unicidad de la persona, que dijimos que era lo heterogéneo de la naturaleza del hombre y, así, el elemento característico del ser humano, miembro de una especie que «no es simplemente su naturaleza, sino que tiene una naturaleza»[109]. He aquí, por tanto, la primera de las ideas: la nuestra es una ética que tiene como punto de partida la aprehensión de la naturaleza humana; esto es, no solo el conocimiento en abstracto de la misma, sino su entendimiento pleno y completo, que acontece en el encuentro del hombre con su intimidad. En otras palabras, nuestra ética no se constituye de un conjunto de preceptos abstractos, teóricos y, por tanto, desapegados del ser humano, sino que resulta de la máxima y verdadera conexión con la vida misma y la naturaleza del hombre, pues tiene como momento inicial el conocimiento de la intimidad y, concretamente, la aprehensión del Amor, que hemos dicho que es radical existencial y antropológico. Así las cosas, es porque parte de la naturaleza humana —no solo en abstracto, sino de modo radical— por lo que es una ética autónoma, dado que sus preceptos no vienen dados al hombre al margen de su voluntad ni se construyen sobre el aire, sino que son desvelados al sujeto en el momento en que este aprehende su intimidad y, por tanto, el Amor como realidad metafísica.

Asimismo —he aquí la segunda de sus notas— es una ética absoluta; mas no porque contenga preceptos absolutos, sino porque responde a lo absoluto de la vida, que es cada aquí y ahora. Es, así, la única ética fiel al auténtico juicio moral o de responsabilidad, pues los actos únicamente pueden juzgarse conforme a las circunstancias en que acontecen y la nuestra es una ética, en este sentido, circunstancial o, empleados los términos de Ortega y Gasset, histórica. Así las cosas, resulta que, les pese o no a los

---

[109] YARZA, F. S. (2022). *Jurisdicción constitucional y derechos fundamentales. Lineamientos* (p. 27).

relativistas, el ser de las cosas —entendido ahora desde un punto de vista de la Ética— es absoluto; pero, a diferencia de lo que muchos piensan, el carácter absoluto del ser no responde a su permanencia infinita en el tiempo, independientemente de las circunstancias, sino que hace referencia, precisamente, al hecho de que, dadas determinadas circunstancias, es uno solo el único modo de ser de una cosa. Los absolutos morales son, por tanto, no reglas abstractas eternas —esta es su concepción tradicional—, sino reglas concretas que responden a circunstancias particulares, de modo que, dadas ciertas circunstancias, tienen un único modo de ser y es en este sentido, precisamente porque solo pueden ser de una manera, que son absolutos. Cosa distinta es que haya modos de ser que sean absolutos en una pluralidad de circunstancias distintas; esto es, que un modo de ser A responda a un espectro de circunstancias $[a, r]$ —o, si se prefiere, (a, r) o $[a, r)$ o $(a, r]$— o, si nos planteamos el caso más extremo, $(+\infty, -\infty)$. Esto no se debe a que A, en abstracto y conforme a la concepción tradicional, sea un absoluto moral, sino a que, advertidas una infinita posibilidad de circunstancias, A es el modo de ser que responde a cada una de ellas, individualmente considerada, de modo absoluto. Esta segunda concepción es la única manera de afrontar correctamente el juicio moral, dado que este requiere, en todo caso, de la consideración de las circunstancias que acontecen en el caso concreto.

Teniendo estos conceptos como punto de referencia, resulta que la nuestra es la única ética verdaderamente absoluta, dado que es la única que, lejos de la abstracción, se funda en la aprehensión del radical existencial y, consecuentemente, conlleva la captura de la vida como *totalidad de la realidad,* lo que implica que sus preceptos, en tanto que derivan de este encuentro, responden a esta misma vitalidad, que se sustenta sobre el aquí y ahora del mismo modo que la vida es, como decía Ortega y Gasset, histórica y ahonda sus raíces en cada presente —esto sin perjuicio de que, siguiendo al autor, su quehacer fundamental sea decidir en cada momento lo que vamos a ser y, por tanto, adopte una proyección a futuro—.

Habiendo desarrollado las cuestiones formales de nuestra ética, nos queda preguntarnos por su materialidad; es decir, por su contenido. ¿Cuáles son los preceptos o leyes morales de nuestra ética? Esta pregunta resulta, de algún modo, imposible de responder en sentido estricto, dado que, si nuestra ética es autónoma e histórica o absoluta en cada aquí y ahora, es contrario a ella señalar su contenido. El contenido de nuestra ética es natural; esto es, responde a la realidad de las cosas —de la existencia y del hombre— y, como tal, se desvela al ser humano en el momento de aprehensión del Amor, cuando comienza a amar la vida y toda representación de ella. Que se desvele al ser humano y no sea creación del hombre no quiere decir que no sea autónoma, pues lo es precisamente porque emana de la naturaleza humana y, como tal, responde al ser del hombre, lo que implica que cualquier otro precepto que el ser humano pretendiera dictar en contrario sería, sencillamente, contra natura. Asimismo, se trata de un contenido que no se desvela de golpe o de una sola vez con la aprehensión del Amor, sino que se descubre a cada encrucijada ética que acontece, dado que las nuevas circunstancias exigen nuevas respuestas morales y, como la nuestra es una ética del aquí y ahora, debe desvelarse a cada momento. De aquí que el encuentro de uno mismo con la intimidad no sea un mero acto de revelación o especial conexión, sino el comienzo de un nuevo modo de ser y afrontar la vida, pues el que conecta verdaderamente consigo por primera vez renace; esto es, es una nueva persona para siempre o, dicho de otro modo, no se despega de sí nunca, lo que hace que esté en constante conexión con la vida y su naturaleza y, consecuentemente, pueda descubrir a cada tiempo la respuesta ética acertada para cada conjunto de circunstancias.

En todo caso, sí puede anotarse lo siguiente: que, como nuestra ética se funda en la aprehensión del Amor, responde al efecto de este momento; o sea, al amar la vida y todo lo contenido en ella. Consecuentemente, todo precepto de nuestra ética participa de esta máxima fundamental: ama la vida y todo lo contenido en ella.

5.5.2. La natural alienación del Bien común y el Bien individual

Teniendo presente lo desarrollado en el epígrafe anterior, pueden entenderse las siguientes afirmaciones: el Bien común no prima sobre el Bien individual ni viceversa y la libertad de uno no acaba donde comienza la del otro.

Hemos dicho que nuestra ética tiene como punto de partida la aprehensión de la intimidad y, con ella, del Amor, lo que hace que tenga por fundamento el radical existencial y antropológico o, en general, la realidad de las cosas; esto es, la naturaleza vital y humana. Así, cuando uno obra conforme a lo exigido por la realidad de las cosas; es decir, conforme a los preceptos de nuestra ética, actúa según las exigencias de su esencia y, por tanto, en aras de la consecución de su Bien, donde reside su realización personal. Asimismo, debe tenerse presente que hemos dicho que la máxima de la que participan los infinitos preceptos de nuestra ética —*infinitos,* porque han de desvelarse a cada aquí y ahora, y la posibilidad abarca la infinidad— es «ama la vida y todo lo contenido en ella», siendo la persona del otro un contenido o circunstancia de la vida y aconteciendo en la aprehensión de la intimidad el conocimiento de la dignidad, que luego se le reconoce. Conforme a lo dicho, resulta que está el hombre orientado naturalmente, por exigencia de su esencia o conforme a la realización de su Bien, al amor del otro, precisamente porque se ve en él. De esto se deriva, como corolario lógico, que la consecución del Bien individual no puede ser nunca menos que la consecución del Bien común, sino que, la consecuencia del Bien individual conlleva, precisamente y de entre otros, el amor del otro y, por tanto, la consecución del Bien común. Cosa distinta es que las cosas no sean nunca como son y que el hombre ansíe y se enroque en ejercer su libertad contra natura…

Del mismo modo, la libertad de uno no acaba donde comienza la del otro, pues el que se entiende como sujeto esencialmente libre; esto es, el que reconoce que es libre en conciencia es el que ha conectado verdaderamente consigo y, al hacerlo, ha aprehendido el Amor, por lo que ama la vida y todo lo contenido en ella, lo que implica que el ejercicio de su libertad deja de ser la omnímoda autonomía para empezar a contenerse en los límites de su naturaleza, de lo que resulta que, necesariamente, respeta, cuando ejerce su libertad, la del otro.

Cosa diferente de lo anterior es la afirmación de que el Bien común prima sobre el interés individual, la cual no puede ser más acertada. No se debe, pese a lo que podría pensarse, al hecho de que uno es común y el otro, individual, sino a que todo Bien, por ser absoluto y estar ligado a una naturaleza, debe primar siempre sobre cualquier valor, que es relativo y se ensalza desde sí mismo. El foco no hemos de ponerlo, por tanto, en el complemento del nombre o adyacente —«común» e «individual»—, sino en el núcleo de, respectivamente, el sujeto y el complemento de régimen —«Bien» e «interés»—.

Además, debe anotarse que, sin perjuicio de lo anterior, el origen o radical no es la pluralidad o sociedad, sino el sujeto individual, el yo. El yo social no es otra cosa que un constructo humano, mientras que lo único que existe es el yo concreto y particular. De aquí que poner el Bien común por encima del Bien individual —sin perjuicio de que esto no tenga sentido por lo que ya hemos dicho; esto es, porque ambos están naturalmente alineados— es tan irracional como pretender que el no ser reine sobre el ser. Ahora bien, esto no obsta para que, tal y como hemos tenido ocasión de defender, el hombre sea un ser social, porque una cosa es la sociedad, como construido yo social, y otra bien distinta, la sociabilidad innata al ser humano.

6. LA NUESTRA SERÁ VISTA, ERRÓNEAMENTE, COMO UNA UTÓPICA FILOSOFÍA

Este último capítulo busca ser únicamente una defensa de nuestra tesis frente a posibles críticas que pueda recibir y, concretamente, frente a una. Y es que es predecible que nuestra filosofía será tachada de utópica, por cuanto se dirá que, sin perjuicio de la mayor o menor claridad y exactitud de los axiomas sobre los que se funda —a cuya crítica y falsación, de hecho, se anima en el epílogo de esta obra—, es utópico pensar que el hombre está, sencillamente, hecho para amar o que el Amor es lo suyo propio, pues es evidente que la sociedad dista mucho de esta realidad y que el ser humano es incapaz de actuar de este modo con los demás, dado que se ve obligado a mirar siempre primero por sí, en aras de su propia supervivencia.

Ante esta crítica, son varios los comentarios que es oportuno realizar.

En primer lugar, que una utopía es, en sentido estricto, un «plan, proyecto, doctrina o sistema ideales que parecen de muy difícil realización» (DRAE), si bien es cierto que, normalmente, se presenta como lo que es de imposible consecución o lo que, no siendo absolutamente imposible de lograr, es tan difícil de alcanzar que, con casi toda seguridad, no se dará. Así, resulta que, si avalamos que la existencia es perfecta, sublime y teleológica, así como que el radical existencial y antropológico es el Amor, ¿qué hay de imposible o de muy difícil en que las cosas sean conforme a su naturaleza? Si se piensa profundamente, resulta que las cosas deben ser lo que son, por lo que, si la consecución de nuestra filosofía resulta en que las cosas sean conforme a su ser, lo cual parte de la validez de nuestros argumentos, esta no es utópica, sino que responde a la realidad de la existencia o exigencias de la esencia de lo que es. Pretender falsar nuestra filosofía diciendo que es utópica es como pretender derruir un castillo disparando a la torre; pero dejando intactos los cimientos. Dicho de otro modo, si se quiere desmentir lo expuesto, deberán falsarse los axiomas que se han demostrado; pero desmentir nuestra filosofía no puede limitarse a tacharla de utópica, al tiempo que, mientras sean ciertos los axiomas que sobre los que se ha trabajado, nuestra filosofía no es utópica, sino que responde a la naturaleza de las cosas, porque es corolario lógico de los presupuestos que se han ido exponiendo.

En segundo lugar, resulta interesante presentar la siguiente reflexión. Es curioso el hecho de que, asumiendo que el hombre está llamado naturalmente al Amor, se dan en la vida en sociedad las más perversas actuaciones en contrario. En otras palabras, parece contradictorio que, siendo deber-ser del hombre la aprehensión del Amor y el Amor mismo; esto es, amar la vida y todo lo contenido en ella, la sociedad tiende en muchas ocasiones a hacer lo opuesto.

Ante esta cuestión, conviene distinguir el análisis del ser de las cosas del análisis de lo que fácticamente acontece en la realidad, pues puede suceder —de hecho, así pasa— que, aunque deban coincidir o alinearse, no lo hagan. Esto se debe a que el hombre es, ante todo, libre y a que, si bien es cierto que es libre esencialmente porque es libre en conciencia, lo cierto es que tiene —recordemos ahora, como facultades que se *tienen*— muchas otras manifestaciones de su naturaleza libre, cuyo ejercicio es tan amplio que, aunque puedan serle cercenadas, si las tiene, le permiten, incluso, obrar contra natura. Así, el ser humano es el único animal que puede obrar contra natura, pues es el único que «no es simplemente su naturaleza, sino que tiene una naturaleza»[110]. Dicho esto, es posible hacer separadamente ambos análisis sin que la afirmación de ambas realidades —la relativa al ser y la relativa a lo fáctico— sea contradictoria.

Asimismo, todo parece apuntar a que, siendo la realidad del hombre en cuanto a lo que es; o sea, como individuo, que el Amor es lo propio suyo; esto es, que el Amor es radical antropológico, hay algo en las relaciones sociales que hace que el hombre se olvide de su ser y obre contra natura. No se quiere decir que las relaciones sociales no sean también algo propio del hombre, pues se ha defendido en esta obra que el ser humano es un ser social y político, sino que acontece algo en ellas que, trascendiéndolas o, dicho de otro modo, siendo más que la mera suma de sus miembros, lleva al hombre a este tipo de actuación opuesta a su ser. A esto que acontece podemos llamarlo *sinergias,* si bien esta es una cuestión que, en su caso, será objeto de un tratamiento detallado en otra obra.

---

[110] YARZA, F. S. (2022). *Jurisdicción constitucional y derechos fundamentales. Lineamientos* (p. 27).

EPÍLOGO

No encuentro mejor manera de cerrar este libro que con el mensaje que, a fecha de 18 de julio de 2024, cuando trabajaba en sus últimos detalles, le mandé a una amiga. El mensaje en cuestión decía así:

> Mira que quiero sacar el libro por mí misma y mi propia satisfacción, pero, sobre todo, quiero sacarlo por los demás, porque de corazón creo que las ideas que expongo pueden cambiar la vida de las personas, pues a mí me la han cambiado radicalmente (para bien, por supuesto). Creo que, si la gente entendiese lo que defiendo, sería un poquito más feliz y, al final, lo importante es hacer felices a los demás, [¿]no?

Dicho esto, poco más hay que pueda añadir. Espero que esta obra les haya iluminado y, en definitiva, les permita ver, de aquí en adelante, la vida de otra manera y, concretamente, desde esta perspectiva, la cual considero es poderosísima. Como les decía en el prólogo, «si [han disfrutado] de esta lectura y les [ha emocionado], me habré realizado en esta y las vidas venideras, si las hay».

Asimismo, quisiera invitar a todo lector a, con fundamento, sentirse libre de exponer las críticas que considere oportunas a las ideas que se han defendido. En el fondo, lo que han podido leer en estas páginas es fruto de mi pensamiento, el cual es, como el de todo ser humano, limitado. Así, del mismo modo que he refutado en esta obra ideas que defendí en ensayos anteriores, cabe la posibilidad de que haga lo mismo, respecto de las ideas que ahora defiendo, en publicaciones siguientes. Por todo ello y porque la compartición del conocimiento es un regalo de Dios, les invito a que, si lo desean, compartan sus críticas a la siguiente dirección de correo electrónico. Las leeré con mucho gusto y, quién sabe, igual alguna me hace retractarme:

criticasalaobra@gmail.com

En última instancia, quisiera invitar al lector a leer algunas de mis otras producciones. Y es que no escribo únicamente filosofía, sino también poesía y prosa poética, que publico, sin ánimo de lucro y para la lectura libre de quien esté interesado, en el siguiente blog en Internet:

Las 22.9393 palabras del Quijote o las22939palabras-delquijote.blogspot.com

Dicho esto, me despido. Ha sido un placer compartir esta lectura con ustedes, pues, lo sepan o no, cada lectura conlleva un viaje de ida y vuelta, una conexión especial, entre el lector y el escritor, que se funden en los distintos episodios de sus vidas, los cuales comparten a través de las letras. La palabra es, así, la herramienta infinita y eterna del ser humano.

Sobre la autora

Patricia Blanco Elías, autora del libro, es actual estudiante de cuarto curso de Derecho en la Universidad de Navarra.

Con tan solo quince años inició su trayectoria como escritora y creó el blog en Internet *las22939palabrasdelquijote.blogspot.com*, todavía en activo. Ahora, con veintiuno, nos presenta esta obra, que aúna los dos pilares centrales de su escritura: la poesía y prosa poética, por un lado, y el ensayo filosófico, por el otro.

A un año de graduarse como jurista, Patricia sabe que dejará una gran huella en este mundo. Aspira a dedicarse a la docencia y la investigación universitarias, al tiempo que tiene conciencia de que este será tan solo el primero de los volúmenes de su *corpus* intelectual.

Con una carrera como escritora profesional que recién comienza, todo dato adicional haría de esta una biografía farragosa. Por eso, la suya no es una biografía de las ya escritas, sino de las que están por escribir. Y es que lo grande no puede contenerse en textos breves.